08/09

D0466733

2008

DATE DUE

GAYLORD			PRINTED IN U.S.A.

LA ÚLTIMA
LECCIÓN

LA ÚLTIMA
LECCIÓN

RANDY PAUSCH

con

JEFFREY ZASLOW

Grijalbo

La útima lección
Por Randy Pausch, con Jeffrey Zaslow.

© 2008, Randy Pausch

Todas las imágenes son cortesía del autor, con excepción de las fotografías de las páginas 17 y 215, de Kristi A. Rines para Hobbs Studio, Chesapeake, Virginia.

Publicado originalmente en Estados Unidos y Canadá por Hyperion con el título *The last lecture*. Esta traducción ha sido publicada por acuerdo con Hyperion.

DVD © 2007 Carnegie Mellon University

Derechos exclusivos de edición en español reservados para todo el mundo:

D. R. © 2008, Random House Mondadori, S. A. de C. V.
    Av. Homero Núm. 544, Col. Chapultepec Morales,
    Del. Miguel Hidalgo, C. P. 11570, México, D. F.

Primera edición: mayo de 2008

www.randomhousemondadori.com.mx

Comentarios sobre la edición y contenido de este libro a:
literaria@randomhousemondadori.com.mx

Traducción: Martha Baranda
Diagramación: Juan Carlos González, Lucrecia Alcalá

ISBN Random House Mondadori México 978-970-810-322-0
ISBN Random House Inc. 978-030-739-226-8
ISBN tapa dura 978-970-810-452-4

Impreso en México / *Printed in Mexico*

Con agradecimiento a mis padres, quienes me permitieron soñar
y con esperanza en los sueños que mis hijos tendrán.

Contenido

Contenido

Introducción

Tengo un problema de ingeniería.

A pesar de que, en su mayor parte, estoy en excelente condición física, tengo diez tumores en el hígado y me restan unos cuantos meses de vida.

Soy padre de tres chicos y estoy casado con la mujer de mis sueños. Sería muy sencillo lamentarme, pero eso no resultaría benéfico para ellos ni para mí.

De manera que, ¿cómo invertir mi tiempo tan limitado?

La parte obvia es pasar tiempo con mi familia y cuidarla. Mientras todavía tengo la posibilidad, aprovecho cada momento con ellos y realizo todas las acciones logísticas necesarias para facilitar su camino hacia una vida sin mí.

La parte menos obvia es cómo enseñarles a mis hijos lo que hubiera podido enseñarles a lo largo de los siguientes veinte años. Ahora son demasiado jóvenes para que tengamos esas conversaciones. Todos los padres deseamos enseñar a nuestros hijos la diferencia entre el bien y el mal, lo que creemos que es importante y cómo enfrentar los desafíos que nos presentará la vida. También queremos que ellos conozcan algunas historias acerca de nuestras vidas con la intención de enseñarles cómo enfrentar la propia. Mi deseo de hacerlo me llevó a dar una "última lección" en la Universidad Carnegie Mellon.

Por rutina, las lecciones son videograbadas. Yo sabía bien lo que hacía ese día. Con el pretexto de dar una lección académica, intenté meterme en una botella que algún día sería arrojada a la playa para mis hijos. Si yo fuera pintor, hubiera pintado para ellos. Si yo fuera músico, hubiera compuesto música. Pero soy profesor, así que di una lección.

Di una lección acerca del placer de vivir y sobre cuánto aprecio la vida, incluso ahora que me resta tan poca. Hablé acerca de la honestidad, la integridad, la gratitud y otros temas que son esenciales para mí. Y me esforcé mucho por no ser aburrido.

Este libro es una manera de continuar lo que inicié en el escenario. Puesto que el tiempo es precioso, y yo deseo pasar todo el que pueda con mis hijos, le pedí ayuda a Jeffrey Zaslow. Cada día conduzco mi bicicleta alrededor de mi vecindario y realizo el ejercicio que es crucial para mi salud. Durante 53 paseos en bicicleta hablé con Jeff con ayuda del dispositivo de manos libres de mi teléfono celular. Después, él invirtió incontables horas en convertir mis historias, supongo que puedo llamarlas 53 "lecciones", en el libro que sigue a continuación.

Ambos sabíamos desde el principio que nada de esto sustituye a un padre vivo, pero la ingeniería no es un asunto de soluciones perfectas: es hacer lo mejor que puedas con recursos limitados. Tanto la lección como este libro son mis intentos de hacer justo eso.

I

LA ÚLTIMA LECCIÓN

1

Un león herido aún quiere rugir

Muchos profesores imparten pláticas tituladas "la última lección".
Tal vez hayas asistido a alguna.

Se ha convertido en un ejercicio común en campus universitarios. A los profesores se les solicita considerar su fallecimien-
to y reflexionar en lo que es más importante para ellos. Mientras
hablan, su audiencia no puede evitar reflexionar acerca de la misma pregunta: ¿Qué sabiduría legaríamos al mundo si supiéramos
que ésta es nuestra última oportunidad? Si fuéramos a desaparecer mañana, ¿cuál querríamos que fuera nuestro legado?

Durante años, la Universidad Carnegie Mellon tuvo una serie
de "últimas lecciones". Sin embargo, para cuando los organizadores decidieron pedírmelo a mí, renombraron la serie como "Viajes" y solicitaron a un grupo de profesores seleccionados "que
ofrecieran reflexiones acerca de sus viajes personales y profesionales". No era la descripción más emocionante, pero acepté y se
me asignó la fecha de septiembre.

Para entonces ya me habían diagnosticado cáncer de páncreas,
pero me sentía optimista. Tal vez yo podía ser uno de los afortunados que sobrevivirían.

Mientras me sometía al tratamiento, los organizadores de la
serie de lecciones me enviaban correos electrónicos. "¿Cuál será el
tema de su plática?", me preguntaban. "Por favor proporciónenos

un resumen." Existe cierto formalismo en el mundo académico que no puede ser ignorado, incluso si una persona está ocupada en otros asuntos, como intentar no morirse. Para mediados de agosto me dijeron que estaba por imprimirse un cartel sobre la lección, de manera que yo tenía que tomar una decisión acerca del tema.

Sin embargo, esa semana recibí nuevas noticias: mi tratamiento más reciente no había funcionado. Me restaban sólo algunos meses de vida.

Sabía que podía cancelar la lección. Cualquiera lo hubiera comprendido. De pronto, había muchas otras cosas más por hacer. Tenía que enfrentarme a mi propia pena y a la tristeza de aquellas personas que me amaban. Debía dedicarme en cuerpo y alma a dejar en orden los asuntos de mi familia. Sin embargo, no podía sacudirme la idea de dar la lección. Me motivaba la idea de impartir una última lección que en verdad sería la última. ¿Qué podría decir? ¿Cómo sería recibido? ¿Al menos podría hacerlo?

—Ellos me permitirán declinar el ofrecimiento —le dije a mi esposa, Jai—, pero en verdad quiero hacerlo.

Jai (se pronuncia "Jey") siempre ha sido mi porrista. Cuando me sentía entusiasta, también ella lo estaba. Pero había cierta renuencia en ella acerca de toda esta idea de la "última lección". Apenas nos habíamos mudado de Pittsburgh al sureste de Virginia para que, después de mi muerte, Jai y los niños vivieran cerca de su familia. Jai opinaba que yo debía invertir mi precioso tiempo con nuestros hijos, en lugar de dedicar mis horas a escribir la lección y después regresar a Pittsburgh para presentarla.

—Llámame egoísta —me dijo Jai—, pero lo quiero todo de ti. Cada momento que inviertas en trabajar en esa lección es tiempo perdido, porque será tiempo lejos de los niños y de mí.

Logan, Chloe, Jai, yo y Dylan.

Yo comprendía de dónde venía aquello. Desde el momento en que caí enfermo, hice el compromiso de consentir con Jai y honrar sus deseos. Consideraba que era mi misión hacer todo lo que pudiera por aminorar las consecuencias que mi enfermedad produjera en su vida. Ésa es la razón por la cual dediqué muchas de mis horas de vigilia a hacer arreglos para el futuro de mi familia sin mí. Sin embargo, no podía liberarme de mi urgencia por presentar esa última lección.

A lo largo de mi carrera académica presenté algunas lecciones bastante buenas. Pero ser considerado el mejor conferencista en un departamento de ciencias computacionales es como ser conocido como el más alto de los siete enanos. En aquellos momentos, yo sentía que tenía mucho más dentro de mí y que, si me decidía a dedicarme a ello por completo, sería capaz de ofrecer algo especial a la gente. "Sabiduría" es una palabra contundente, pero tal vez de eso se tratara.

Jai aún no estaba contenta con todo esto. Incluso en un momento dado lo comentamos con Michele Reiss, la psicoterapeuta a quien habíamos acudido algunos meses antes. Ella se especializa en ayudar a las familias cuando alguno de sus miembros se enfrenta a una enfermedad terminal.

—Conozco a Randy —le dijo Jai a la doctora Reiss—. Es adicto al trabajo. Ya sé cómo estará cuando comience a organizar su lección. Lo absorberá por completo.

La lección, dijo ella, será una distracción innecesaria de los abrumadores asuntos a los cuales nos aferrábamos en nuestras vidas.

Otra situación preocupaba a Jai: para presentar la lección, según lo programado, yo tendría que viajar a Pittsburgh el día anterior, que era el cumpleaños número 41 de Jai.

—Éste es mi último cumpleaños que celebraremos juntos —me dijo—. ¿De verdad vas a dejarme en mi cumpleaños?

En realidad, la perspectiva de dejar a Jai justo ese día me resultaba dolorosa. No obstante, no podía deshacerme de la idea de la lección. Incluso había llegado a considerarla como el último momento de mi carrera, como una manera de despedirme de mi "familia laboral". Hasta llegué a sorprenderme en la fantasía de presentar una última lección que fuera el equivalente verbal de un jugador de beisbol a punto de retirarse que batea la última bola hasta la grada más alta. Siempre me había gustado la escena final de *The Natural*, cuando el anciano y sangrante beisbolista Roy Hobbs batea de milagro ese asombroso *home run*.

La doctora Reiss nos escuchó a Jai y a mí. En Jai, dijo, veía a una mujer fuerte y amorosa que intentaba invertir varias décadas en construir una vida plena con un esposo y criar a sus hijos hasta que fueran adultos. Ahora, nuestra vida juntos debía reducirse a unos cuantos meses. En mí, la doctora Reiss vio a un hombre que no estaba listo para retirarse por completo a una vida hogareña y que, sin lugar a dudas, tampoco estaba listo para tenderse en su lecho de muerte.

—Esta lección será la última ocasión en que me verán en carne y hueso muchas personas a quienes aprecio —le expliqué, de manera un tanto llana—. Ahora tengo la oportunidad de reflexionar de verdad acerca de lo que es más importante para mí, de cimentar cómo me recordará la gente y de hacer todo el bien posible en mi camino de salida.

En más de una ocasión, la doctora Reiss nos había visto a Jai y a mí sentados juntos en el sofá de su consultorio, abrazados con fuerza y ambos bañados en llanto. Nos dijo que podía percibir el gran respeto que existía entre nosotros y que con frecuencia le conmovía a nivel visceral nuestro compromiso de llegar bien hasta nuestro último momento juntos. Pero nos dijo que no era su papel evaluar si yo debía o no presentar la lección.

—Deberán decidirlo ustedes mismos —nos dijo, y nos invitó a escucharnos el uno al otro de verdad, con el fin de tomar la mejor decisión para ambos.

Dada la reticencia de Jai, supe que debía enfrentarme con honestidad a mis motivaciones. ¿Por qué esa lección era tan importante para mí? ¿Sería acaso una manera de recordarme a mí mismo y a los demás que yo todavía seguía vivo? ¿Para probar que todavía tenía la fortaleza necesaria para actuar? ¿Se trataba de la urgencia de un amante de la atención pública de pavonearse una vez más? La respuesta era afirmativa para todas las preguntas anteriores.

—Un león herido necesita saber si todavía puede rugir —le dije a Jai—. Se trata de dignidad y autoestima, las cuales no son equivalentes a la vanidad.

Había otro elemento presente en el tema. Yo había comenzado a considerar la lección como un vehículo que me transportaría al futuro que nunca podría ver. Le recordé a Jai las edades de nuestros hijos: cinco, dos y uno.

—Mira —le dije—, a sus cinco años de edad, supongo que Dylan crecerá y tendrá muy pocos recuerdos de mí. Pero, ¿cuánto recordará en realidad? ¿Qué tanto recordamos tú y yo de cuando teníamos cinco años? ¿Recordará Dylan cómo jugué con él y de lo que nos reímos juntos? Cuando mucho, será brumoso.

"¿Y qué hay acerca de Logan y Chloe? Tal vez no guarden recuerdo alguno. Nada. En especial, Chloe. Y puedo decirte esto: cuando los niños sean mayores, llegarán a esa etapa en la cual necesitarán saber de manera imperativa y apremiante: ¿quién fue mi papá? ¿Cómo era? Esta lección podrá servir para dar respuesta a esas preguntas."

Le dije a Jai que me aseguraría de que la Universidad Carnegie Mellon grabara la lección.

—Te traeré un DVD. Cuando los niños crezcan, puedes mostrárselos. Les ayudará a comprender quién fui y las cosas que eran importantes para mí.

Jai me escuchó y después formuló la pregunta obvia:

—Si hay cosas que deseas decirles a los niños o consejos que quieres darles, ¿por qué no colocas la cámara de video en un trípode y lo grabas aquí, en la sala?

Tal vez me atrapó con eso. O tal vez no. Como ese león en la selva, mi hábitat natural todavía era un campus universitario, frente a los estudiantes.

—Una cosa que he aprendido —le dije a Jai— es que, cuando los padres dicen algo a sus hijos, no es dañino obtener alguna validación externa. Si puedo lograr que la audiencia ría y aplauda en el momento preciso, tal vez eso sirva para agregar fundamento a lo que les digo a los niños.

Jai sonrió hacia mí, su agonizante hombre del espectáculo, y por fin cedió. Ella sabía que yo estaba ansioso por encontrar maneras de dejar un legado para mis hijos. De acuerdo. Tal vez esa lección sería una de esas maneras.

Por tanto, con la luz verde de Jai, tenía un desafío frente a mí. ¿Cómo convertiría esa charla académica en algo que resonara en nuestros hijos diez años o más en el futuro?

Yo tenía la certeza de que no quería que la lección se concentrara en mi cáncer. Mi saga médica era lo que era, y yo ya la había superado una y otra vez. Tenía muy poco interés en dar un discurso acerca de, por ejemplo, mis reflexiones sobre cómo me enfrenté a mi enfermedad o la manera en que ésta me había proporcionado nuevas perspectivas. Mucha gente podría esperar que la plática versara sobre la muerte. Pero tenía que ser acerca de *vivir*.

* * *

¿Qué es aquello que me hace único?

Ésa era la pregunta que me sentía impulsado a responder. Quizás el hecho de encontrar la respuesta me ayudaría a determinar lo que debía decir. Estaba sentado con Jai en la sala de espera de un médico en el hospital John Hopkins, a la espera de un nuevo reporte de patología, y rebotaba mis pensamientos con ella.

—El cáncer no me hace único —dije.

No había discusión al respecto. A más de 37 000 estadounidenses se les diagnostica cáncer de páncreas al año.

Pensé mucho acerca de cómo me definía a mí mismo: como profesor, como un científico de la computación, como esposo, como padre, como hijo, como amigo, como hermano, como mentor de mis alumnos. Todos ellos eran papeles que yo valoraba. Pero ¿alguno de esos papeles en verdad me distinguía?

A pesar de que siempre tuve un concepto saludable de mí mismo, sabía que esta lección requería de mucho más que palabrería. Me pregunté: "¿Qué es lo que yo, por mí mismo, tengo para ofrecer de verdad?".

Entonces, en aquella sala de espera, de pronto supe justo lo que era. Llegó a mí como un destello: cualesquiera que hubieran sido mis logros y todas las cosas que amaba tenían sus raíces en los sueños y metas que tuve cuando era niño... y en las maneras en que había alcanzado la mayoría de ellos. Mi cualidad única, según me di cuenta, residía en los aspectos específicos de todos los sueños, desde aquéllos de increíble significado hasta los decididamente caprichosos, los cuales definían mis 46 años de vida. Sentado allí tuve la certeza de que, a pesar del cáncer, en verdad creía ser un hombre afortunado porque había dado vida a esos sueños y, en gran medida, lo había logrado gracias a diferentes cosas que aprendí de personas extraordinarias a lo largo del camino. Si era capaz de contar mi historia con la pasión que sentía, mi lección podía ayudar a otras personas a encontrar la manera de alcanzar sus propios sueños.

Tenía mi *laptop* conmigo en la sala de espera y, encendido por esta epifanía, envié de inmediato un mensaje de correo electrónico a los organizadores de la lección. Les dije que por fin ya tenía un título para ellos. "Me disculpo por la demora", escribí. "Llamémosla: 'Cumple de verdad tus sueños de la infancia'."

2

Mi vida en una *laptop*

¿Cómo catalogas con exactitud tus sueños de infancia? ¿Cómo logras que otras personas se conecten de nuevo con los suyos? Como científico, éste no era el tipo de preguntas con las cuales me enfrentaba con regularidad.

Durante cuatro días me senté frente a mi computadora en nuestro nuevo hogar en Virginia, y escaneé diapositivas y fotografías para armar una presentación en Power Point. Siempre he sido un pensador visual, de manera que supe que la plática no llevaría textos, nada escrito. Logré capturar alrededor de 300 imágenes de mi familia, mis alumnos y colegas, además de docenas de imágenes originales que pudieran ilustrar los sueños infantiles. Escribí algunas palabras en ciertas láminas, como consejos y frases. Una vez que estuviera en el escenario, esas palabras me ayudarían a recordar lo que tenía que decir.

Mientras trabajaba en la presentación, me levantaba de mi silla cada noventa minutos para interactuar con los niños. Jai veía que yo intentaba permanecer involucrado en la vida familiar, pero aún consideraba que yo invertía demasiado tiempo en la lección, en especial porque apenas habíamos llegado a vivir a la nueva casa. Como es natural, ella esperaba que yo me encargara de las pilas de cajas que llenaban nuestro nuevo hogar.

En un principio, Jai no planeó acudir a la lección. Ella sentía que tenía que quedarse en Virginia con los niños para hacerse cargo de las docenas de asuntos por resolver derivados de nuestra mudanza. Yo le decía:

—Quiero que estés allí.

La realidad era que yo necesitaba con desesperación que ella estuviera allí. Así fue que por fin accedió a viajar a Pittsburgh la mañana de la lección.

Sin embargo, yo tenía que llegar a Pittsburgh un día antes, así que a la 1:30 de la tarde del 17 de septiembre, el día en que Jai cumplía 41 años, me despedí de ella y de los niños con un beso y conduje hasta el aeropuerto. Habíamos celebrado su cumpleaños el día previo con una pequeña fiesta en casa de su hermano. No obstante, para Jai mi partida significaba un molesto recordatorio de que ahora estaría sin mí en su cumpleaños y en todos los cumpleaños futuros.

Aterricé en Pittsburgh y me encontré en el aeropuerto con mi amigo Steve Seabolt, quien llegaba de San Francisco. Nos habíamos hecho amigos años atrás, cuando hice un año sabático en Electronic Arts, la empresa fabricante de videojuegos en donde Steve era ejecutivo. Nos hicimos tan cercanos como hermanos.

Steve y yo nos abrazamos, rentamos un automóvil y nos marchamos juntos entre bromas y buen humor. Steve me comentó que había acudido al dentista y yo me jacté de que ya no tendría que volver nunca más al dentista.

Nos detuvimos en un restaurante local para comer y yo coloqué mi *laptop* sobre la mesa. Eché un vistazo rápido a mis láminas, que ahora sumaban 280.

—Es demasiado largo —me dijo Steve—. Todos estarán muertos para cuando termines la presentación.

La mesera, una mujer embarazada de treinta y tantos años y con el cabello rubio decolorado, llegó a nuestra mesa justo cuando una fotografía de mis hijos se mostraba en la pantalla.

—Lindos niños —dijo, y preguntó sus nombres. Le respondí:

—Éste es Dylan, Logan, Chloe...

La mesera dijo que el nombre de su hija era Chloe y ambos sonreímos ante la coincidencia. Steve y yo retomamos la revisión de la presentación en Power Point y él me ayudaba a mantenerme concentrado. Cuando la mesera nos trajo nuestros alimentos, la felicité por su embarazo.

—Debe sentirse muy feliz —le dije.

—No exactamente —respondió—. Fue un accidente.

Mientras se alejaba, no pude impedir que me sorprendiera su franqueza. Su respuesta casual fue un recordatorio acerca de los elementos accidentales que se presentan tanto en nuestra llegada a la vida... como en nuestra partida hacia la muerte. Aquí estaba una mujer que tendría un hijo por accidente y a quien de seguro llegaría a amar. En cuanto a mí, mediante el accidente del cáncer dejaría a tres niños, quienes crecerían sin mi amor.

Una hora más tarde, a solas en mi habitación de hotel, mis hijos permanecían en mi mente mientras yo reacomodaba las imágenes para mi lección. El acceso inalámbrico a Internet de la habitación era intermitente, lo cual me resultó exasperante porque yo continuaba mi navegación a través de la red para encontrar más imágenes. Para empeorar las cosas, ya comenzaba a sentir los efectos del tratamiento de quimioterapia que había recibido días antes. Tenía cólicos, náuseas y diarrea.

Trabajé hasta la medianoche, me dormí y desperté con un ataque de pánico a las 5 de la mañana. Una parte de mí dudaba de que mi lección funcionara. Pensaba: "¡Esto es justo lo que obtienes cuando intentas contar la historia de tu vida en una hora!".

Cavilé, medité, pensé y reorganicé. Para cuando dieron las once de la mañana, sentí que ya tenía definido un curso narrativo; tal vez funcionaría. Me di un baño y me vestí. A mediodía llegó Jai del aeropuerto y nos acompañó a Steve y a mí a almorzar. Fue una conversación solemne en la cual Steve prometió estar el pendiente de Jai y de los niños.

A la 1:30 de la tarde, el laboratorio de computación en el campus en donde pasé gran parte de mi vida recibió mi nombre en mi honor; yo contemplé la develación de mi placa sobre la puerta. A las 2:15 estaba en mi oficina y me sentía fatal, exhausto por completo, enfermo por la quimioterapia y con la duda de si debía usar el pañal para adulto que había traído como precaución.

Steve me recomendó recostarme en el sofá de mi oficina durante un rato, lo cual hice, pero mantuve mi *laptop* sobre mi abdomen para poder continuar con mis desvaríos. Agregué otras sesenta láminas.

A las 3:30 de la tarde, algunas personas habían comenzado a formarse para entrar a mi lección. A las 4 me levanté del sofá, comencé a recolectar mis pertenencias y me dispuse a mi caminata a través del campus hacia la sala de conferencias. En menos de una hora debía estar sobre el escenario.

3

El elefante en la habitación

Jai ya estaba en la sala, una inesperada casa llena de 400 personas y, mientras yo subía al escenario para revisar el podio y organizarme, ella pudo percatarse de cuán nervioso estaba yo. En tanto me ocupaba en arreglar mis cosas, Jai notó que no establecía contacto visual con casi nadie. Pensó que yo no podía permitirme mirar hacia la multitud pues sabía que podría ver a algún amigo o ex alumno y que la emoción de ese contacto visual me abrumaría mucho.

Había murmullos entre la audiencia mientras yo me preparaba. Era seguro que aquellas personas que sólo habían venido para ver cómo lucía un hombre a punto de morir de cáncer pancreático tenían preguntas: ¿Era ése mi cabello verdadero? (Sí, conservé todo mi cabello durante la quimioterapia.) ¿Serían capaces esas personas de sentir lo cerca que estaba yo de la muerte mientras hablaba? (Mi respuesta: "¡Sólo mírenme!")

Incluso unos minutos antes de que iniciara la plática continué deambulando por el podio, eliminé algunas láminas y reacomodé otras. Todavía trabajaba en ello cuando recibí la señal:

—Estamos listos para comenzar —me dijo alguien.

Yo no estaba vestido de traje. No llevaba corbata. No iba a subirme allí vestido con un traje ejecutivo de *tweed* con parches de cuero en los codos. En cambio, elegí dar mi lección ataviado con la vestimenta que consideré más apropiada para hablar de sueños infantiles que pude encontrar en mi ropero.

Es seguro que, a primera vista, yo lucía como el chico que te toma la orden en un establecimiento de comida rápida con servicio en el automóvil. Pero, de hecho, el logotipo en mi playera de manga corta era un emblema de honor porque es el que utilizan los creativos de Walt Disney, los artistas, los escritores y los ingenieros que crean fantasías aptas para parques temáticos. En 1995 pasé seis meses sabáticos como creativo de Disney. Fue un punto crucial en mi vida, la realización de un sueño de mi infancia. Ésa es la razón por la cual también llevaba la insignia oval con mi nombre, "Randy", que me entregaron cuando trabajé en Disney. De esta manera pagué tributo a esa experiencia de vida y al mismo Walt Disney, cuya famosa frase dice: "Si puedes soñarlo, puedes hacerlo".

Agradecí a la audiencia por acudir, solté algunas bromas y después dije:

—En caso de que alguien se lo pregunte y no conozca los antecedentes, mi padre siempre me enseñó que, cuando haya un elefante en la habitación, es necesario presentarlo. Si ustedes observan mis estudios médicos, hay alrededor de diez tumores en mi hígado y los doctores me dijeron que me restan de tres a seis meses de buena salud. Eso sucedió hace un mes, de manera que ustedes saquen las cuentas.

Proyecté en la pantalla una imagen gigante de los estudios médicos realizados a mi hígado. El título de la lámina era "El elefante en la habitación" y yo le había insertado unas flechas rojas para señalar cada uno de los tumores. Permití que la lámina permaneciera expuesta durante un rato para que la audiencia pudiera seguir las flechas y contar mis tumores.

—Muy bien —dije—, así están las cosas. No podemos cambiarlas; sólo debemos decidir cómo responder ante ellas. No podemos cambiar las cartas que nos han repartido, sólo podemos tomar decisiones acerca de cómo jugaremos esa mano.

En ese momento era definitivo que yo me sentía saludable y pleno, el Randy de los viejos tiempos, sin duda cargado de energía por la adrenalina y la excitación de tener la casa llena. Sabía también que lucía saludable y que para mucha gente resultaba complicado conciliar mi apariencia con el hecho de que estaba próximo a morir, de manera que lo puse sobre la mesa.

—Si no parezco tan deprimido y malhumorado como debería, lamento decepcionarlos —dije y, después de que la gente rió, agregué—: Les aseguro que no estoy en negación. No es que no esté al tanto de lo que ocurre.

"Mi familia; es decir, mis tres hijos, mi esposa y yo, nos dimos a la fuga. Compramos una hermosa casa en Virginia y lo hicimos porque ése es un buen lugar para que la familia continúe."

Mostré una lámina con la nueva casa suburbana que recién habíamos comprado. Sobre la foto se encontraba el título: "No estoy en negación".

Mi punto era el siguiente: Jai y yo habíamos decidido desenraizar a nuestra familia. Yo le había pedido dejar un hogar que ella amaba y amigos que la querían. Habíamos separado a nuestros hijos de sus compañeros de juegos de Pittsburgh. Habíamos empacado nuestra vida y nos habíamos arrojado a un tornado que nosotros mismos creamos, cuando hubiéramos podido refugiarnos en Pittsburgh a esperar a que yo muriera. Pero habíamos decidido realizar esa mudanza porque sabíamos que, una vez que yo hubiera partido, Jai y los niños necesitarían vivir en un lugar en donde la familia extendida pudiera ayudarlos y amarlos.

También quise que la audiencia supiera que me veía bien y que me sentía estupendo, en parte porque mi cuerpo apenas comenzaba a recuperarse del debilitante tratamiento de quimioterapia y radiación que mis doctores me habían aplicado. Ahora llevaba el tratamiento de quimioterapia que es paliativo y fácil de soportar.

—En este momento, mi estado de salud es fenomenal —les dije—. Me refiero a que lo mejor de la disonancia cognoscitiva que ustedes jamás verán consiste en que estoy en excelente forma. De hecho, tengo una condición física mucho mejor que la de la mayoría de ustedes.

Me trasladaba desde los lados hacia el centro del escenario. Horas antes no me sentía seguro de contar con la fortaleza necesaria para hacer lo que iba a hacer, pero ahora me sentía envalentonado y potente, así que me arrojé al suelo y comencé a hacer lagartijas.

Al oír los aplausos y las risas de la audiencia, fue casi como si pudiera escuchar que cada uno de los asistentes exhalaba su ansiedad de manera colectiva. No sólo se trataba de un hombre a punto de morir. Sólo era yo. Ya podía comenzar.

II

CUMPLE DE VERDAD
TUS SUEÑOS DE LA INFANCIA

Mis sueños de la infancia:

- Estar en la gravedad cero
- Jugar en la NFL
- Ser autor de un artículo en la *Enciclopedia Mundial*
- Ser el capitán Kirk
- Ganar animales de peluche
- **Ser un creativo de Disney**

Una lámina de mi lección…

4

La lotería de padres

Me gané la lotería de padres.

Nací con el boleto ganador, razón principal por la cual pude realizar mis sueños infantiles.

Mi madre era una severa maestra de inglés de la vieja escuela, y poseía nervios de titanio. Obligaba a sus alumnos a trabajar muy duro y se enfrentaba con decisión a las quejas de los padres respecto de que tenía expectativas demasiado altas para sus alumnos. Como hijo suyo, supe un par de cosas acerca de sus altas expectativas y eso se convirtió en mi fortuna.

Mi padre fue un médico de la Segunda Guerra Mundial quien participó en la batalla de las Ardenas. Fundó una organización no lucrativa para ayudar a los niños inmigrantes a aprender inglés. Para su sustento administraba un pequeño negocio de venta de seguros para automóvil en la ciudad de Baltimore. En su mayoría, sus clientes eran pobres, con malas historias crediticias y bajos recursos, pero él encontraba la manera de asegurarlos y soltarlos a las calles. Por un millón de razones, mi padre fue mi héroe.

Crecí en la comodidad de la clase media de Columbia, Maryland. El dinero nunca fue un problema en nuestro hogar, en especial porque mis padres nunca consideraron necesario gastar demasiado. Eran frugales hasta el extremo. En raras ocasiones comíamos en restaurantes. Íbamos al cine una o dos veces por año.

—Vean la televisión —decían mis padres—. Es gratis. Mejor aún, vayan a la biblioteca por un libro.

Cuando yo tenía dos años de edad y mi hermana cuatro, mi madre nos llevó al circo. Quise ir una vez más cuando cumplí nueve años.

—No necesitas ir —me dijo mi madre—. Ya fuiste al circo.

Tal vez suene un tanto opresiva para los estándares de la actualidad, pero en verdad tuve una infancia mágica. Puedo decir con honestidad que me veo como un chico que tuvo ese increíble impulso en la vida porque tuvo una madre y un padre que hicieron bien muchas cosas.

No comprábamos mucho, pero reflexionábamos acerca de todo. Eso se debía a la cualidad inquisitiva infecciosa de mi padre acerca de los sucesos actuales, la historia y nuestras vidas. De hecho, al crecer pensé que existían dos tipos de familias:

1. Las que necesitan un diccionario para la cena.
2. Las que no.

Nosotros éramos una de las familias número 1. Casi cada noche consultábamos el diccionario, el cual guardábamos en un estante a sólo seis pasos de distancia de la mesa.

—Si tienen alguna pregunta —decían mis padres—, encuentren la respuesta.

El instinto en nuestro hogar era nunca sentarnos como vagos y lucubrar. Conocíamos un mejor método: abrir la enciclopedia. Abrir el diccionario. Abrir la mente.

Mi padre también era magnífico para contar historias, y siempre decía que las historias debían ser contadas con algún propósito. Le gustaban las anécdotas humorísticas que se convertían en cuentos con enseñanzas morales. Era un maestro en ese tipo de relatos y yo absorbí su técnica. Por eso es que, cuando mi hermana Tammy asistió a mi última lección en línea, ella vio que mi boca se movía y escuchó mi voz, pero no eran mis palabras. Eran las de mi padre. Ella se dio cuenta de que yo reciclé algunos de los bocados de sabiduría más selectos de mi padre. Jamás me atrevería a negarlo. De hecho, en algunos momentos sentí que canalicé a mi padre en el escenario.

Casi todos los días cito a mi padre ante la gente. En parte, ello se debe a que, si uno imparte su propia sabiduría, con frecuencia la gente la ignora; en cambio, si uno imparte la sabiduría de otra persona, parece menos arrogante y más aceptable. Desde luego, cuando uno cuenta con alguien como mi padre en su bolsillo trasero, no puede evitarlo: uno lo cita cada que tiene oportunidad.

Mi padre me dio valiosos consejos para abrirme camino en la vida. Solía decir cosas como: "Nunca tomes una decisión hasta que tengas que hacerlo". También me advirtió que, cuando me encontrara en una posición de poder, tanto en el trabajo como en mis relaciones personales, siempre jugara limpio.

—El hecho de que ocupes el asiento del conductor —me decía— no significa que tengas que atropellar a los demás.

A últimas fechas me he dado cuenta de que cito a mi padre incluso cuando se trata de una frase que él no pronunció. Cualquiera que sea el punto, pudo haber provenido de él. Mi padre parecía saberlo todo.

Mi madre, mientras tanto, también sabía bastante. Durante toda mi vida ella decidió que parte de su misión era mantener mi soberbia a raya. Ahora estoy agradecido por ello. Incluso ahora, si alguien le pregunta cómo era yo de niño, ella me describe así: "Avispado, pero no demasiado precoz". En la actualidad vivimos en una era en la cual los padres consideran que cada uno de sus hijos es un genio. Y entonces aparece mi madre, quien se imagina que el calificativo "avispado" debe ser suficiente como cumplido.

Cuando estudiaba para mi doctorado tomé una materia llamada "el calificador de teorías". Ahora puedo decir que, en definitiva, es la segunda cosa peor que me ha ocurrido en la vida después de la quimioterapia. Cuando me quejé con mi madre de lo difícil y horrendo que fue el examen, ella se reclinó en su asiento, me palmeó el brazo y me dijo:

—Sabemos cómo te sientes, cariño. Pero recuerda: cuando tu padre tenía tu edad, estaba en guerra contra los alemanes.

Después de obtener mi doctorado, mi madre sentía gran incomodidad al presentarme, pues decía:

—Éste es mi hijo. Es doctor, pero no de los que ayudan a la gente.

Mis padres sabían lo que en realidad significaba ayudar a la gente. Siempre encontraban grandes proyectos en áreas no convencionales y se entregaban a ellos por completo. Juntos financiaron un dormitorio para cincuenta estudiantes en las áreas rurales de Tailandia, diseñado para ayudar a las niñas a no abandonar la escuela y evitar la prostitución.

Mi madre siempre fue caritativa hasta el extremo. Y mi padre hubiera sido feliz si hubiera podido donarlo todo para después vivir en una bolsa de dormir en lugar de en los suburbios, donde el resto de nosotros quería vivir. En ese sentido, considero que mi padre era el hombre más "cristiano" que jamás conocí. También era un gran campeón de la igualdad social. A diferencia de mi madre, nunca le resultó fácil aceptar la religión organizada (éramos presbiterianos). Él se concentraba en los ideales más altos y consideraba que la equidad era la meta suprema. Tenía grandes esperanzas para la sociedad y, a pesar de que dichas esperanzas eran defraudadas con frecuencia, mantenía su fiero optimismo a toda costa.

A los 83 años de edad se le diagnosticó leucemia a mi padre. Como sabía que no le restaba mucho tiempo de vida, dispuso que su cuerpo fuera donado a la ciencia médica y dio dinero para que su programa en Tailandia continuara durante, al menos, seis años más.

Mucha gente que acudió a mi última lección se impresionó con una imagen en particular que proyecté en la pantalla que estaba sobre mí: se trata de una fotografía en la cual estoy en pijama, apoyado sobre mi codo, y resulta evidente que yo fui un chico a quien le encantaba idear grandes sueños.

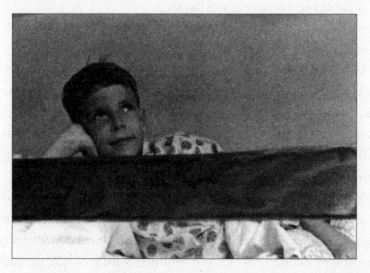

La viga de madera que está delante de mi cuerpo es la pieza frontal de mi litera. Mi padre, hábil carpintero, construyó esa litera para mí. La sonrisa en el rostro de ese pequeño, la viga de madera y la mirada en sus ojos: esa foto me recuerda que me gané la lotería de padres.

A pesar de saber que mis hijos tendrán una madre amorosa quien los guiará de manera brillante por la vida, no tendrán a su padre. Ya lo he aceptado, pero duele.

Me gustaría creer que mi padre hubiera aprobado la manera en que me las he arreglado estos últimos meses de mi vida. Me hubiera recomendado poner las cosas en orden para Jai y pasar el mayor tiempo posible con los niños; es decir, justo lo que he hecho. Sé que me daría la razón en la decisión de mudar a la familia a Virginia.

También creo que mi padre me recordaría que los hijos, más que cualquier otra cosa, necesitan saber que sus padres los aman. Los padres no necesitan estar vivos para que eso suceda.

5

El elevador en la casa del rancho

Mi imaginación era siempre un poco difícil de contener, y cuando estaba a medio camino para ingresar a la preparatoria, sentí la urgencia de salpicar algunos de los pensamientos que daban vueltas en mi mente en las paredes de mi habitación infantil.

Pedí su autorización a mis padres.

—Quiero pintar cosas en mis paredes —les dije.

—¿Como qué? —preguntaron ellos.

—Cosas que son importantes para mí —respondí—. Cosas que creo que serán geniales. Ya verán.

Esa explicación fue suficiente para mi padre. Eso es justo lo que era tan grandioso en él. Mi padre motivaba la creatividad con sólo sonreírte. Amaba contemplar cuando la chispa del entusiasmo se convertía en juegos pirotécnicos. Él me comprendió y comprendió también mi necesidad de expresarme en formas no convencionales, de manera que consideró que mi aventura de la pintura en las paredes era una buena idea.

Mi madre no estaba tan entusiasmada con mi proyecto, pero se dio por vencida con rapidez al darse cuenta de mi excitación. También sabía que mi padre solía ganar en este tipo de asuntos, de modo que cedió de manera pacífica.

Durante dos días, y con la ayuda de mi hermana Tammy y de mi amigo Jack Sheriff, pinté las paredes de mi habitación. Mi padre se sentaba en la sala y leía el periódico mientras esperaba con paciencia la revelación. Mi madre caminaba de un lado a otro por el pasillo, nerviosa por completo. Intentaba entrar a hurtadillas para echar un vistazo a mi obra, pero nosotros permanecimos encerrados en la habitación a piedra y lodo. Como dicen en las películas, "era un estudio cerrado".

¿Qué fue lo que pintamos?

Bueno, yo quería tener una fórmula cuadrática en la pared. En una ecuación cuadrática, el máximo poder de una cantidad desconocida es un cuadrado. Como siempre he sido un *nerd*, pensé que valía la pena celebrarlo. Justo al lado de la puerta, pinté:

$$\frac{-b \pm \sqrt{b^2 - 4ac}}{2a}$$

Jack y yo pintamos una gran puerta plateada de elevador. A la izquierda de la puerta dibujamos botones de "arriba" y "abajo", y sobre el elevador pintamos un pánel con los números de piso, del uno al seis. El número "tres" estaba iluminado. Vivíamos en una casa de rancho que sólo tenía un nivel, de manera que yo hice un ejercicio de fantasía al imaginar seis pisos. Pero, en retrospectiva, ¿por qué no pinté 18 o 90 pisos? Si yo era un soñador de largo alcance, ¿por qué mi elevador se detenía en el tres? No lo sé. Tal vez se trataba de un símbolo del equilibrio entre mis aspiraciones y mi pragmatismo.

Dadas mis limitadas habilidades artísticas, pensé que era mejor si hacía bocetos de imágenes con figuras geométricas básicas. Pinté el espejo de Blancanieves con la frase: "¿Recuerdas cuando te dije que tú eras la más hermosa? ¡Mentí!".

En el techo, Jack y yo escribimos las palabras: "¡Estoy atrapado en el ático!". Escribimos esa frase de atrás hacia adelante, para que pareciera que teníamos prisionero a alguien allá arriba y que esa persona había escrito un mensaje de auxilio.

Como yo amaba el ajedrez, Tammy pintó piezas de este juego (ella era la única de nosotros con cierto talento para el dibujo). Mientras ella se encargaba de eso, yo pinté un submarino que navegaba en un cuerpo de agua, detrás de la litera. Dibujé un periscopio que se elevaba sobre el cubrecama en busca de barcos enemigos.

Siempre me gustó la historia de la caja de Pandora, así que Tammy y yo pintamos nuestra versión de la misma. Pandora, de la mitología griega, recibió una caja que contenía en su interior todos los males del mundo. Ella desobedeció la orden de no abrirla. Cuando retiró la tapa, el mal se extendió sobre el planeta, pero siempre me atrajo el final optimista de la historia: en el fondo de la caja estaba la esperanza, de manera que, dentro de mi caja de Pandora, escribí la palabra "hope" ("esperanza", en inglés). Jack vio aquello y no pudo resistirse a escribir la palabra "Bob" sobre "hope". Cuando mis amigos visitaban mi habitación, siempre les tomaba unos cuantos minutos descubrir por qué la palabra "Bob" estaba allí. Después venía el inevitable giro de ojos hacia el techo.

Dado que estábamos a final de la década de los setenta, escribí la frase "¡La música disco apesta!" sobre mi puerta. Mi madre pensó que eso era vulgar. Cierto día, cuando yo no miraba, ella pintó en silencio sobre la palabra "apesta". Ésa fue la única corrección que ella hizo.

Los amigos que llegaban de visita siempre se asombraban.

—No puedo creer que tus padres te permitieran hacer esto —me decían.

A pesar de que mi madre no estaba entusiasmada con la idea en su momento, nunca pintó de nuevo la habitación; incluso décadas después de que me mudé. De hecho, con el paso del tiempo, mi habitación se convirtió en el punto focal de la casa cuando mi madre la mostraba a alguien que llegara de visita. Mi madre comenzó a darse cuenta de que la gente consideraba que aquello era genial y que *ella* era genial por haberme permitido hacerlo.

Para todos aquellos que sean padres, si sus hijos quieren pintar sus habitaciones, háganme un favor: permítanles que lo hagan. Todo estará bien. Que no les preocupe el valor de reventa de la casa.

No sé cuántas veces podré visitar de nuevo mi casa de la infancia, pero para mí es un regalo cada vez que voy. Todavía duermo en esa litera que mi padre construyó, miro esas paredes locas, pienso acerca del hecho de que mis padres me dieran permiso de pintarlas y me siento afortunado y complacido al entregarme al sueño.

6

Estar en la gravedad cero

Es importante tener sueños específicos.

Cuando cursaba la escuela primaria, muchos chicos querían convertirse en astronautas. Desde muy pequeño sabía que la NASA no iba a aceptarme. Había escuchado que los astronautas no podían llevar anteojos. Eso no me importaba. En realidad yo no quería todo el asunto de ser astronauta: lo que yo quería era flotar.

Sucede que la NASA tiene una aeronave que utiliza para ayudar a los astronautas a aclimatarse a la gravedad cero. Todo el mundo la llama "el cometa del vómito", a pesar de que la NASA se refiere a ésta como "la maravilla ingrávida", un detalle de relaciones públicas ideado para distraer la atención de lo que es obvio.

Sin importar el nombre de la aeronave, es una pieza de maquinaria sensacional. Realiza arcos parabólicos y, en la cumbre de cada arco, uno cuenta con 25 segundos para experimentar un burdo equivalente a la ingravidez. Cuando la aeronave cae en picada, sientes que estás a bordo de una montaña rusa a toda velocidad, pero estás suspendido y puedes volar.

Mi sueño se convirtió en posibilidad cuando supe que la NASA tenía un programa en el cual los estudiantes podían enviar propuestas de experimentos en la aeronave. En el año 2001, nuestro equipo de estudiantes de la Universidad Carnegie Mellon propuso un proyecto que empleaba la realidad virtual.

Estar sin gravedad es una sensación difícil de imaginar cuando has sido un ser terrestre durante toda tu vida. En gravedad cero, el oído interno, el cual controla el equilibrio, no puede sincronizarse con lo que tus ojos te dicen. Con frecuencia, el resultado es la náusea. ¿Podrían ayudar las sesiones de práctica en tierra? Ésa era la cuestión en nuestra propuesta y resultó ganadora: nos invitaron al centro espacial Johnson, en Houston, para abordar la aeronave.

Es muy probable que yo estuviera más emocionado que cualquiera de mis estudiantes. ¡Flotar! Sin embargo, a medida que el proceso avanzaba, recibí malas noticias: la NASA dejó muy claro que ninguno de los consultores de la facultad estaba autorizado a viajar con los estudiantes, bajo ninguna circunstancia.

Yo me sentí decepcionado, pero aún no estaba vencido y encontraría la manera de superar ese obstáculo. Decidí entonces leer con suma atención toda la literatura acerca del programa en busca de alguna grieta. Y la encontré: la NASA, siempre deseosa de obtener publicidad positiva, permitiría que un periodista de la ciudad natal de los estudiantes participara en el paseo.

Llamé a un oficial de la NASA para pedirle su número de fax.

—¿Qué es lo que nos enviará por fax? —me preguntó. Yo le expliqué: mi renuncia como consultor de la facultad y mi solicitud como periodista.

—Acompañaré a mis estudiantes en mi nuevo puesto como miembro de los medios de comunicación —le dije.

Él respondió:

—Eso es un tanto desfachatado, ¿no le parece?

—Seguro —repliqué, pero también le prometí que publicaría información acerca de nuestro experimento en páginas *web* de noticias y que enviaría grabaciones de nuestros progresos sobre realidad virtual a más periodistas especializados en el tema. Sabía

Yo sólo quería flotar…

que podía lograrlo y que sería un acuerdo que permitiría que todas las partes resultáramos beneficiadas. Él me dio su número de fax.

Como nota al margen, aquí encontramos una lección: siempre cuenta con una oferta para poner sobre la mesa, porque así serás más bienvenido.

Mi experiencia con la gravedad cero fue espectacular (y no, no vomité, gracias). Sin embargo, sí me golpeé un poco porque, al finalizar los mágicos 25 segundos, cuando la gravedad regresa a la nave, es como si de pronto recuperaras tu peso al doble y puedes golpearte muy fuerte. Ésa es la razón por la cual todo el tiempo te dicen: "¡Los pies hacia abajo!". No querrás aterrizar sobre tu cuello.

Pero me las arreglé para subirme a esa aeronave, casi cuatro décadas después de que flotar se había convertido en una de las metas de mi vida. Lo anterior sólo comprueba que, si puedes encontrar una grieta, es probable que encuentres también la manera de flotar a través de ella.

7

Nunca logré jugar en la NFL

Me encanta el futbol. El futbol *americano*. Comencé a jugar cuando tenía nueve años de edad y me fascinó. Me ayudó a ser quien soy ahora. A pesar de que nunca pude jugar en la Liga Nacional de Futbol (NFL, por sus siglas en inglés), a veces pienso que obtuve más al perseguir ese sueño y *no* lograrlo que lo que obtuve con muchos sueños que sí pude cumplir.

Mi romance con el futbol comenzó cuando mi padre me llevó a rastras, mientras yo pateaba y berreaba, a inscribirme a una liga. Yo no quería estar allí en lo absoluto. Por naturaleza era un tanto cobarde y, por mucho, el de menor estatura. Mi temor se convirtió en espanto cuando conocí al entrenador, Jim Graham, un hombre muy corpulento que parecía una muralla de casi dos metros de alto. Él había sido *linebacker* en Penn State y sus métodos de entrenamiento eran de la vieja escuela. De la vieja escuela en verdad, como el hecho de que pensara que los pases al frente eran jugadas tramposas.

El primer día de práctica, todos estábamos muertos de susto. Además, él no llevaba ningún balón de futbol. Por fin, uno de los chicos habló por todos nosotros:

—Disculpe, entrenador. No hay ningún balón de futbol.

Y el entrenador Graham respondió:

—No necesitamos balones de futbol.

Se hizo el silencio mientras reflexionábamos al respecto...

—¿Cuántos hombres se encuentran en el campo de juego al mismo tiempo? —nos preguntó.

Once de cada equipo fue nuestra respuesta. Por tanto, son 22 jugadores.

—¿Y cuántas personas tocan el balón en todas las jugadas?

Sólo una de ellas.

—¡Correcto! —dijo—. De manera que trabajaremos en lo que hacen los otros 21 jugadores.

Fundamentos. Ése fue un gran regalo que el entrenador Graham nos dio. Fundamentos, fundamentos, fundamentos. Como profesor universitario he visto ésta como una lección que muchos chicos ignoran y siempre es en su detrimento: es necesario que *comprendas* los fundamentos porque, de otra manera, todo lo que luce no servirá de nada.

* * *

El entrenador Graham solía ser muy exigente conmigo. Recuerdo una práctica en particular.

—Lo haces todo mal, Pausch. ¡Regresa! ¡Hazlo de nuevo!

Yo intentaba hacer lo que él deseaba, pero no era suficiente.

—¡Estás en deuda conmigo, Pausch! ¡Harás lagartijas después de la práctica!

Cuando por fin me permitió marcharme, uno de los entrenadores asistentes se aproximó para reconfortarme.

—El entrenador Graham te obligó a esforzarte mucho, ¿verdad? —me dijo.

Yo sólo pude musitar un "sí".

—Eso es bueno —aseguró el asistente—. Cuando cometes errores y nadie te lo indica, significa que ya se han dado por vencidos contigo.

Esa lección ha permanecido conmigo a lo largo de toda mi vida. Cuando te percatas de que haces mal las cosas y nadie se molesta en decirte algo al respecto, no estás en una buena situación. Tal vez no desees escucharlo, pero tus críticos con frecuencia son quienes te dicen que te aman, se preocupan por ti y quieren que seas mejor.

En estos días se habla mucho se proporcionar autoestima a los niños. No es algo que pueda *darse*; es algo que ellos deben construir. El entrenador Graham trabajaba en una zona de no-mimos. ¿Autoestima? Él sabía que sólo existía una manera de enseñar a los chicos a desarrollarla: darles algo que no puedan hacer; de esta manera, ellos trabajarán con empeño hasta descubrir que sí pueden hacerlo. El entrenador Graham sólo repetía este proceso una y otra vez.

Cuando el entrenador Graham me aceptó, yo era un chico cobarde, sin habilidad alguna, sin fuerza física y sin entrenamiento. Pero él me hizo darme cuenta de que, si trabajaba con suficiente empeño, habría cosas que podría hacer mañana y que en ese momento no podía hacer. Incluso ahora, con mis 47 años de edad recién cumplidos, puedo asumir una "postura de tres puntos" que enorgullecería a cualquier liniero de la NFL.

Me doy cuenta de que, en la actualidad, un tipo como el entrenador Graham hubiera sido despedido de una liga deportiva juvenil. Hubiera sido demasiado rudo. Los padres se hubieran quejado.

Recuerdo un juego en el cual nuestro equipo jugaba de manera terrible. En el medio tiempo, en nuestro apuro por beber agua, casi volteamos el gran recipiente. El entrenador Graham estaba lívido.

—¡Vaya! ¡Esto es lo mejor que he visto de ustedes, muchachos, desde que comenzó el juego!

Nosotros, chicos de once años de edad, sólo nos quedamos parados allí, temerosos de que nos sujetara uno a uno y nos rompiera con sus manos.

—¿Agua? —ladró—. ¿Ustedes quieren agua?

Levantó el enorme recipiente y vació todo su contenido en el suelo.

Lo observamos alejarse y lo escuchamos ordenarle a un entrenador asistente:

—Puedes dar agua a la primera línea de defensa. Ellos jugaron bien.

Ahora permíteme aclarar un punto: el entrenador Graham nunca hubiera lastimado a ninguno de los chicos. Una de las razones por las cuales trabajaba tanto en el acondicionamiento es porque sabía que éste reduce el riesgo de sufrir lesiones. Sin embargo, era un día helado, habíamos tenido acceso al agua durante la primera mitad del juego y el suceso del recipiente estaba más relacionado con el hecho de que nosotros éramos un grupo de mocosos malcriados que con nuestra necesidad de hidratarnos.

Incluso después de considerar lo anterior, si ese tipo de incidentes ocurriera ahora, los padres en las márgenes del campo hubieran sacado sus teléfonos celulares para llamar al comisionado de la liga, o tal vez a sus abogados.

Me entristece que muchos chicos de hoy sean tan mimados. Ahora recuerdo cómo me sentí durante aquel regaño de medio tiempo. Sí, estaba sediento pero, más que eso, me sentí humillado. Todos habíamos decepcionado al entrenador Graham y él nos lo hizo saber de una manera que nunca olvidaríamos. Él tenía razón. Habíamos mostrado mucha más energía con el recipiente de agua que con el maldito juego, y su severa reprimenda significó mucho para nosotros. Al comenzar la segunda mitad del juego, regresamos al campo y dimos todo lo que teníamos.

No he vuelto a ver al entrenador Graham desde mi adolescencia, pero aún aparece en mi mente para forzarme a trabajar más duro en cada ocasión en que he sentido la tentación de darme por vencido, y me obliga a ser mejor. Él me dio retroalimentación de por vida.

Cuando llevamos a nuestros hijos a jugar deportes organizados, como futbol americano, futbol soccer, natación o cualquier otro, la mayoría de nosotros no lo hace porque estemos desesperados porque nuestros hijos aprendan los intrincados detalles del deporte. Lo que en realidad queremos que aprendan es mucho más importante: trabajo en equipo, perseverancia, espíritu deportivo, el valor del trabajo arduo, la habilidad de enfrentarse a la adversidad. Este tipo de aprendizaje indirecto es lo que algunos de nosotros llamamos "una finta".

Existen dos clases de fintas. La primera es literal: en un campo de juego, un jugador mueve la cabeza hacia una dirección de manera que pienses que correrá hacia allá. Entonces, avanza en la dirección opuesta. Es como cuando un mago utiliza la confusión visual de direcciones. El entrenador Graham solía decirnos que observáramos la cintura de un jugador.

—A donde vaya su barriga, irá su cuerpo —decía.

La segunda clase de fintas es la que en verdad es importante; es aquella que enseña cosas que la gente no se da cuenta que aprende hasta que está involucrada por completo en el proceso. Si eres un especialista en fintas, tu objetivo oculto es que la gente aprenda algo que tú quieres que aprenda.

Este tipo de aprendizaje de fintas es de vital importancia. Y, en ello, el entrenador Graham era un maestro.

8

Me encontrarás debajo de la "R"

Vivo en la era de las computadoras y ¡me encanta! A lo largo de mucho tiempo me he adaptado a los pixeles, a las estaciones de trabajo de múltiples pantallas y a la supercarretera de la información. En verdad puedo imaginarme un mundo sin papel.

Sin embargo, crecí en un lugar muy distinto.

Cuando nací, en 1960, el papel era el material en donde se registraba el gran conocimiento. En mi casa, a lo largo de los años sesenta y setenta, nuestra familia veneraba la *Enciclopedia Mundial*, las fotos, los mapas, las banderas de los distintos países, los útiles recuadros laterales que revelaban la población de cada estado, la divisa y la elevación promedio sobre el nivel del mar.

No leí cada palabra de cada uno de los volúmenes de la *Enciclopedia Mundial*, pero sí leí bastante. Me fascinaba la idea de que toda la información estuviera reunida en el mismo sitio. ¿Quién escribió esa sección del oso hormiguero? Me pregunto cómo habrá sido eso de que los editores llamaran a alguien y le dijeran:

—Tú conoces el tema del oso hormiguero mejor que nadie, ¿podrías escribir un artículo para nosotros?

Y luego estaba el volumen de la Z. ¿Quién sería esa persona considerada por los editores como experta en los zulúes para pedirle que redactara esa información? ¿Sería zulú esa persona?

53

Mis padres eran frugales. A diferencia de muchos estadounidenses, ellos no compraban nada con la intención de impresionar a otras personas, ni artículos lujosos para ellos de ninguna especie. Pero compraron con gusto la *Enciclopedia Mundial* y se gastaron una cantidad principesca para aquella época porque, al hacerlo, nos dieron el regalo de la sabiduría a mi hermana y a mí. También ordenaron los volúmenes anuales que acompañaban a la *Enciclopedia*. Cada año llegaba un nuevo volumen con los avances y acontecimientos actuales, titulados 1970, 1971, 1972, 1973, y yo no podía esperar para leerlos. Esos volúmenes anuales contenían etiquetas con información relacionada con la *Enciclopedia Mundial* en orden alfabético. Yo estaba a cargo de colocar esas etiquetas en las páginas apropiadas, y me tomaba muy en serio esa responsabilidad porque, de esa manera, ayudaba a llevar un registro cronológico de la historia y la ciencia para cualquier persona que abriera la *Enciclopedia* en el futuro.

Dado que yo adoraba la *Enciclopedia Mundial*, uno de mis sueños infantiles era convertirme en uno de sus colaboradores. Pero no se trata de que puedas llamar a las oficinas generales de la *Enciclopedia Mundial* en Chicago para ofrecer tus servicios. La *Enciclopedia Mundial* tiene que encontrarte.

Hace algunos años, lo crean o no, por fin llegó esa llamada.

Resultó que, de alguna manera, mi carrera en aquel momento me había convertido justo en el tipo de experto a quien a la *Enciclopedia Mundial* le complacía distinguir. Ellos no creían que yo fuera el experto más destacado en realidad virtual. Esa persona estaba demasiado ocupada para atenderlos. Pero yo me encontraba en los rangos medios; es decir, era respetable a un nivel suficiente... pero no tan famoso como para decepcionarlos.

—¿Le gustaría escribir nuestro nuevo artículo acerca de la realidad virtual? —me preguntaron.

No pude decirles que había esperado esa llamada durante mi vida entera. Todo lo que pude responder fue:

—¡Sí, por supuesto!

Escribí el artículo e incluí una fotografía de mi alumna Caitlin Kelleher con un dispositivo de realidad virtual en la cabeza.

Ningún editor cuestionó el contenido de lo que escribí, pero asumo que ése es el estilo de la *Enciclopedia Mundial*. Elegían un experto y confiaban en que dicho experto no abusaría del privilegio que se le confería.

No he comprado el último paquete de la *Enciclopedia Mundial*. De hecho, después de haber sido seleccionado como autor de la *Enciclopedia Mundial*, ahora creo que *Wikipedia* es una fuente bastante confiable de información porque conozco cómo es el proceso de control de calidad para las enciclopedias reales. No obstante, algunas veces, cuando me encuentro con los niños en una biblioteca, no puedo resistir la tentación de mirar bajo la "R" ("Realidad virtual", por su seguro servidor), y permitirles que le echen un vistazo. Su papá lo escribió.

9

Un paquete de talentos llamado liderazgo

Como incontables *nerds* nacidos en Estados Unidos en la década de los años sesenta, invertí gran parte de mi infancia en soñar que era el capitán James T. Kirk, comandante de la nave espacial *Enterprise*. No me veía como el capitán Pausch. Me imaginaba un mundo en el que yo en verdad lograba *ser* el capitán Kirk.

Para los jóvenes ambiciosos con inclinaciones científicas no existía mejor modelo a seguir que James T. Kirk, de la serie *Star Trek*. De hecho, considero en serio que yo me convertí en mejor maestro y colega, e incluso en mejor esposo, al mirar cómo Kirk comandaba la nave espacial *Enterprise*.

Medita un poco acerca de lo anterior. Si has visto la serie de televisión, sabes que Kirk no era el tipo más inteligente de la nave. El señor Spock, su primer oficial, era el intelecto siempre lógico a bordo. El doctor McCoy poseía todo el conocimiento médico disponible para la humanidad en la década de los años 2260. Scotty era el ingeniero en jefe, quien contaba con todo el conocimiento técnico necesario para mantener en funcionamiento la nave, incluso cuando se encontraba bajo el ataque de los alienígenas.

Entonces, ¿cuál era el paquete de talentos de Kirk? ¿Cómo había logrado abordar el *Enterprise* y, además, comandarlo?

La respuesta es: existe un paquete de talentos llamado "liderazgo".

Aprendí mucho al observar a este hombre en acción. Era la esencia destilada de un comandante dinámico, un sujeto que sabía delegar, tenía pasión suficiente para inspirar a sus compañeros y su vestimenta para trabajar lo hacía lucir bien. Nunca aparentó tener talentos superiores a los de sus subordinados y reconocía que ellos sabían lo que hacían en sus respectivos dominios. Pero él establecía la visión, el tono. Él estaba a cargo de la moral. Además de todo, Kirk contaba con las habilidades románticas para conquistar a las mujeres de todas las galaxias que visitaba. Imagíname en casa mientras miraba la televisión: un chico de diez años de edad con anteojos. Cada vez que Kirk aparecía en la pantalla, era como un dios griego para mí.

¡Por si fuera poco, tenía los juguetes más geniales! Cuando yo era niño pensaba que era fascinante que él pudiera estar en algún planeta y que tuviera esa cosa, ese artefacto de comunicación de *Star Trek*, el cual le permitía hablar con las personas que estuvieran en la nave. Ahora, yo llevo uno de ellos en mi bolsillo a todas partes. ¿Quién recuerda que fue Kirk quien nos presentó el teléfono celular?

Hace algunos años recibí una llamada (en mi artefacto de comunicación) de un autor de Pittsburgh llamado Chip Walter. En aquel momento escribía un libro en coautoría con William Shatner (alias Kirk) acerca de los avances científicos que primero aparecieron en *Star Trek* y que fueron el preludio de los avances tecnológicos de la actualidad. El capitán Kirk quería visitar mi laboratorio de realidad virtual en la Universidad Carnegie Mellon.

Te aseguro que mi sueño infantil era *ser* Kirk, pero todavía considero que fue un sueño cumplido cuando Shatner se presentó. Es maravilloso conocer a tu ídolo de la infancia, pero es mucho más maravilloso cuando él acude a ti para ver las cosas geniales que haces en tu laboratorio.

Mis estudiantes y yo trabajamos a contrarreloj para construir un mundo de realidad virtual que representara la cubierta del *Enterprise*. Cuando Shatner llegó, le colocamos el dispositivo de despliegue en la cabeza. Contenía una pantalla en su interior y, al girar la cabeza, podía internarse en 360 grados de imágenes de su vieja nave.

—¡Guau! ¡Incluso tienen las puertas de elevación turbo! —dijo. También le teníamos reservada otra sorpresa: sirenas de alerta roja. Sin perder un segundo, exclamó:

—¡Nos atacan!

Shatner permaneció en el laboratorio durante tres horas y formuló toneladas de preguntas. Más tarde, un colega me dijo:

—Sólo preguntaba y preguntaba. No parecía comprenderlo.

Pero yo estaba impresionado al extremo. Kirk, quiero decir, Shatner, era el máximo ejemplo de un hombre que estaba consciente de lo que no sabía, no tenía problema alguno en admitirlo y no quiso marcharse hasta comprenderlo todo. Eso, para mí, es heroico. Desearía que todo estudiante universitario tuviera esa actitud.

A lo largo de mi tratamiento contra el cáncer, cuando me dijeron que sólo cuatro por ciento de los pacientes de cáncer pancreático logra vivir cinco años, una frase de la película *Star Trek, The Wrath of Khan*, llegó a mi mente. En la película, los cadetes de la *Starfleet* se enfrentan a un escenario de entrenamiento en donde, sin importar lo que hicieran, toda su tripulación es asesinada. La película explica que, cuando Kirk era cadete, él reprogramó el simulador porque "él no creía en el escenario de no ganar".

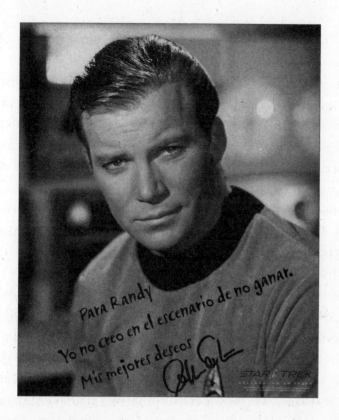

Con el paso de los años, algunos de mis sofisticados colegas académicos han mostrado cierto desprecio hacia mi fascinación por *Star Trek* pero, desde el principio, nunca me ha fallado y siempre me ha resultado provechosa.

Después de que Shatner se enteró de mi diagnóstico, me envió una fotografía suya caracterizado como Kirk. En ella escribió: "Yo no creo en el escenario de no ganar".

10

Ganar mucho

Uno de mis sueños infantiles más antiguos era ser el tipo más genial en cualquier parque de diversiones o feria que visitara. Siempre supe cómo adquirir ese tipo de genialidad.

Es muy sencillo reconocer al tipo más genial: es el que camina por todas partes con el animal de peluche más grande. De niño había visto algunos de esos tipos a distancia, con la cabeza y el cuerpo casi cubiertos por un enorme animal de peluche. No importaba si se trataba de un apuesto Adonis, o si era un *nerd* que no podía rodear el animal de peluche con los brazos. Si tenía el animal de peluche más grande, entonces era el tipo más genial de la feria.

Mi padre sostenía la misma creencia. Se sentía desnudo en una rueda de la fortuna si no tenía un oso o un chango enorme, recién ganado, abrazado a la cadera. Dada la competitividad en nuestra familia, los pasillos de los juegos de destreza de la feria se convertían en una batalla. ¿Quién de nosotros podría apoderarse de la bestia más grande en el reino de los animales de peluche?

¿Alguna vez has caminado en una feria con un animal de peluche gigante? ¿Alguna vez has visto cómo te mira la gente y cuánto te envidia? ¿Alguna vez has utilizado un animal de peluche para cortejar a una mujer? Yo sí... ¡y me casé con ella!

Los animales enormes de peluche han jugado un papel importante en mi vida desde el principio. Hubo un tiempo en el cual yo tenía tres años de edad y mi hermana cinco. Nos encontrábamos en el departamento de juguetes de una tienda y mi padre nos dijo que nos compraría cualquier artículo si nos poníamos de acuerdo entre nosotros para elegirlo y lo compartíamos. Mi hermana y yo dimos varias vueltas para mirarlo todo y, después de un rato, levantamos la vista y contemplamos, en el estante más alto, un conejo gigante de peluche.

—¡Nos llevaremos ése! —dijo mi hermana.

Es probable que justo ése fuera el artículo más costoso del departamento de juguetes, pero mi padre era hombre de palabra y lo compró para nosotros. Tal vez pensó que sería una buena inversión. Siempre puede haber un animal gigante de peluche más en una casa.

A medida que me aproximaba a la edad adulta y aún me presentaba en casa con más animales de peluche cada vez más grandes, mi padre sospechó que yo le pagaba a la gente por ellos. Él asumía que yo esperaba junto a los ganadores en los juegos de tiro al blanco y después deslizaba un billete de cincuenta dólares en la mano de algún individuo que no se diera cuenta de cuánto podía cambiar la percepción que sobre él tendría el mundo con un animal gigante de peluche. No obstante, la verdad es que nunca pagué por un animal de peluche.

Y nunca hice trampas.

Está bien, admito que alguna vez me incliné sobre el borde. Ésa es la única manera de lograrlo en el lanzamiento de aros. Soy un inclinador, pero no soy tramposo.

Sin embargo, logré muchos de mis triunfos fuera de la vista de mi familia y estoy consciente de que eso genera sospechas. Sin embargo, aprendí que la mejor manera de ganar animales de peluche es jugar sin la presión de la presencia familiar. Tampoco quería que ellos supieran cuánto tiempo y esfuerzo me costaba alcanzar el

¿Alguna vez has caminado en una feria con un animal gigante de peluche?

éxito. La tenacidad es una virtud, pero no siempre es fundamental que toda la gente observe con cuánto empeño trabajas en algo.

Ahora estoy preparado para revelar que existen dos secretos para ganar animales gigantes de peluche: brazos largos y una pequeña cantidad de ingresos a discreción. He sido bendecido en la vida por ambos.

Hablé acerca de mis animales de peluche en mi última lección y mostré algunas fotografías de ellos. Podía predecir lo que pensaban los cínicos de la tecnología: en esta era de imágenes factibles de manipulación digital, tal vez esos osos de peluche en realidad no estaban conmigo en las fotografías, o tal vez yo había convencido a los ganadores verdaderos para que me permitieran tomarme las fotografías con sus premios.

¿Cómo, en esta era del cinismo, podía yo convencer a mi audiencia de que en realidad había ganado esos premios? Bueno, podía mostrarles a los animales de peluche verdaderos, de manera que hice que algunos de mis estudiantes se aproximaran desde los costados del escenario, cada uno de ellos con un animal gigante de peluche que yo gané a lo largo de los años.

Ya no necesito más esos trofeos. Y, a pesar de que sé que mi esposa adora el oso de peluche que yo colgué en su oficina cuando estábamos en la etapa de cortejo, ella no desea que, tres hijos después, un ejército de animales de peluche invada nuestra nueva casa. (Los muñecos ya tenían fugas de bolitas de unicel y huleespuma, los cuales ya estaban por encontrar su camino hasta la boca de Chloe.)

Yo sabía que, si conservaba mis animales de peluche, algún día Jai invocaría a Dios y me diría "¡Sácalos de aquí!" o algo peor, ¡que sintiera que ella no podía hacerlo! Ésa es la razón por la cual decidí: ¿por qué no regalarlos a nuestros amigos?

De manera que, una vez que mis alumnos formaron una línea en el escenario, anuncié:

—Cualquier persona que desee un pedazo de mí al finalizar esta charla, siéntase en libertad de subir al escenario y tomar un oso; al primero que llegue se le atenderá primero.

Muy pronto, los animales gigantes de peluche encontraron un nuevo hogar. Pocos días después me enteré de que a uno de los animales se lo había llevado una estudiante de la Universidad Carnegie Mellon, quien, como yo, tiene cáncer. Después de la lección, ella subió al escenario y eligió al enorme elefante. Me encanta el simbolismo implícito en ese acto: ella eligió al elefante en la sala.

11

El lugar más feliz sobre la Tierra

En 1969, cuando yo tenía ocho años de edad, partí con mi familia en un viaje por carretera a través del país hasta Disneylandia. Fue toda una aventura. En cuanto llegamos quedé fascinado por el lugar. Era el ambiente más genial en donde yo había estado.

Mientras me formaba en la fila junto con otros chicos, todo lo que podía pensar era: "¡No puedo esperar para hacer cosas como ésta!".

Dos décadas después, cuando obtuve mi doctorado en ciencias computacionales en la Universidad Carnegie Mellon, me sentí seguro de estar calificado para hacer lo que fuera, así que envié mis cartas de solicitud a los creativos de Walt Disney, y ellos me respondieron con las misivas más amables para mandarme al infierno que he recibido. Me decían que habían recibido mis solicitudes y que no contaban con "ninguna posición en la cual se requirieran sus calificaciones en particular".

¿Nada? ¡Ésa es una empresa famosa por contratar ejércitos de personas para barrer las calles! ¿Disney no tenía nada para mí? ¿Ni siquiera una escoba?

Desde luego que era una contrariedad, pero yo mantuve mi mantra en mente: las murallas de ladrillos están allí por alguna razón. No están allí para mantenernos afuera: las murallas de ladrillos están allí para darnos la oportunidad de demostrar cuánto deseamos algo.

Adelantémonos ahora hasta 1995. Me había convertido en profesor en la Universidad de Virginia y participé en la construcción de un sistema llamado "Realidad virtual por cinco centavos al día". Aquélla fue una época en la cual los expertos en realidad virtual insistían en que necesitaban medio millón de dólares para hacer cualquier cosa. Mis colegas y yo hicimos nuestra propia versión de la cochera de Hewlett-Packard e ideamos juntos un sistema operativo de realidad virtual a bajo costo. La gente del mundo de las ciencias computacionales pensó que nuestro proyecto era sensacional.

No mucho tiempo después me enteré de que los creativos de Disney trabajaban en un proyecto de realidad virtual. Se trataba de un gran secreto: era una atracción con el tema de Aladino en la cual la gente podría subirse a una alfombra mágica, así que llamé a Disney y expliqué que yo era un investigador en realidad virtual en busca de información al respecto. Fui persistente hasta la ridiculez, y me pasaban de una persona a otra hasta que me comunicaron con un tipo llamado Jon Snoddy. Resultó que él era el brillante creativo que comandaba al equipo. Me sentí como si hubiera llamado a la Casa Blanca y me hubieran comunicado con el presidente.

Después de que charlamos durante un rato, le dije a Jon que viajaría a California. ¿Podríamos reunirnos? (La verdad era que, si me decía que sí, la única razón de mi viaje sería mi reunión con él. ¡Hubiera viajado a Neptuno para verlo!) Dijo que sí. Si, de cualquier manera, yo iría, podríamos almorzar juntos.

Antes de ir a verlo trabajé durante ochenta horas en casa. Les pedí a los más aptos que conocía en el tema de realidad virtual que me compartieran sus ideas y opiniones acerca de ese proyecto de Disney. Como resultado, cuando me encontré con Jon, le sorprendió lo bien preparado que yo estaba al respecto. (Resulta fácil parecer inteligente cuando emulas a personas inteligentes.) Entonces, al final del almuerzo, hice "la pregunta".

—Está por llegar mi periodo sabático —le dije.

—¿Qué es eso? —preguntó Jon, lo cual fue mi primera clave del choque cultural entre el mundo del entretenimiento y el académico con el cual me enfrentaría.

Después de que le expliqué el concepto de los periodos sabáticos, él pensó que sería buena idea que yo invirtiera el mío con su equipo. El trato era: yo vendría por seis meses, trabajaría en un proyecto y publicaría un artículo al respecto. Yo estaba extasiado. Era un hecho casi sin precedentes para ese departamento creativo invitar a un académico como yo a formar parte de su operación secreta.

El único problema era que yo necesitaba la autorización de mis jefes para aceptar esa clase de sabático tan peculiar.

Bueno, cada historia de Disney necesita un villano y el mío resultó ser cierto deán de la Universidad de Virginia. Al "deán Wormer" (como lo nombró Jai en homenaje a la película *Animal House,* que en español significa "sacatrapos") le preocupaba que Disney absorbiera toda esta "propiedad intelectual" de mi cabeza que, en estricto derecho, pertenecía a la universidad. Él dio argumentos en contra de que lo hiciera. Le pregunté:

—¿Le parece una buena idea en algún sentido? —y él respondió:

—No sé si es una buena idea.

Él es una prueba de que, algunas veces, las más impenetrables murallas de ladrillos están hechas de carne y hueso.

Como me di cuenta de que no llegaría a ninguna parte con él, llevé mi caso al deán de investigación patrocinada. Le pregunté:

Mi hermana y yo en el paseo de Alicia en el País
de las Maravillas. Yo sólo podía pensar: "¡No
puedo esperar para hacer cosas como ésta!".

—¿Le parece una buena idea que yo lo haga? —y él respondió:
—No cuento con información suficiente para decidirlo. Pero
sé que uno de los más sobresalientes miembros de mi facultad está
aquí en mi oficina y que está muy emocionado, así que dime más.

Ahora, aquí encontramos una lección para los directores y
administradores. Ambos deanes me dijeron lo mismo: que no
sabían si ese sabático era buena idea. ¡Pero mira cuán distinta fue
su respuesta!

Al final resultó que obtuve la autorización para tomarme ese
periodo sabático y fue una fantasía hecha realidad. De hecho, tengo que hacer una confesión. Así de extraño soy: poco después
de llegar a California, me subí a mi automóvil convertible y conduje hasta las oficinas generales de los creativos. Era una calurosa noche de verano y en mi reproductor de sonido tenía la pista
musical de la película de Disney *El rey león*. Comenzaron a rodar
lágrimas por mis mejillas mientras llegaba al edificio. Allí estaba
yo, la versión adulta de aquel niño de ocho años y de ojos perplejos
en Disneylandia. Ya había llegado, por fin. Ahora era un creativo.

III

AVENTURAS...
Y LECCIONES QUE APRENDÍ

12

El parque está *abierto* hasta las 8 p.m.

Mi odisea médica comenzó en el verano del año 2006, cuando sentí un ligero e inexplicable dolor en la parte superior del abdomen. Más tarde, ya con síntomas de ictericia, los doctores sospecharon que tenía hepatitis. Eso hubiera sido un sueño maravilloso. Las tomografías computarizadas revelaron que padecía de cáncer pancreático, y descubrir la gravedad del diagnóstico me tomó sólo diez segundos de navegación en *Google*. El cáncer pancreático tiene la tasa de mortalidad más alta entre los demás tipos de cáncer; la mitad de los pacientes diagnosticados muere en el transcurso de seis meses, y 96 por ciento fallece en un lapso de cinco años.

Me enfrenté a mi tratamiento de la misma manera que suelo enfrentarme a muchas cosas: como científico. Así fue que formulé muchas preguntas que requerían búsquedas de datos e incluso elaboré hipótesis junto con mis médicos. Grabé nuestras conversaciones en cintas de audio de manera que, ya en casa, pudiera escuchar más a detalle sus explicaciones. Encontré complicados artículos de publicaciones médicas y los llevé conmigo a las citas. Mi actitud no parecía sacar de quicio a mis doctores; de hecho, la mayoría de ellos pensaba que yo era un paciente divertido porque me involucraba mucho en todo el proceso. (Ni siquiera parecía molestarles el hecho de que yo llevara intercesores: mi amiga y colega Jessica Hodgins vino a algunas citas para ofrecer tanto su apoyo como sus brillantes habilidades de investigación para temas relacionados con información médica.)

Le dije a los doctores que estaba dispuesto a enfrentarme a cualquier artefacto de su arsenal quirúrgico y que me tragaría cualquier cosa de su gabinete de medicinas porque tenía un objetivo: vivir tanto como fuera posible, por Jai y por mis hijos. En mi primera cita con el cirujano de Pittsburgh, Herb Zeh, le dije:

—Seamos claros. Mi meta es estar vivo y ser parte de sus folletos promocionales dentro de diez años.

Resultó que me convertí en parte de la minoría de pacientes que pudieron obtener beneficios de lo que se llama "operación Whipple", llamada así en honor al médico que aplicó este complicado procedimiento en los años treinta. A lo largo de los años setenta, la cirugía misma terminó con la vida de 25 por ciento de los pacientes que se sometieron a ella. Para el año 2000, el riesgo de muerte a causa de la intervención quirúrgica estaba por debajo de 5 por ciento, si la realizaba un especialista experto. No obstante, yo sabía que me enfrentaba a una temporada brutal, en especial porque a la cirugía seguía un régimen tóxico al extremo de quimioterapia y radiación.

Como parte de la cirugía, el doctor Zeh extirpó no sólo el tumor, sino mi vesícula biliar, la tercera parte de mi páncreas, un tercio de mi estómago y varios centímetros de mi intestino delgado. Una vez que me recuperé de aquello, pasé dos meses en el Centro de Cáncer MD Anderson, en Houston, para recibir esas poderosas dosis de quimioterapia, además de altas dosis de radiaciones diarias en el abdomen. Mi peso bajó de 84 a 63 kilos, y al final casi no podía caminar. En enero me fui a casa y las tomografías mostraban que ya no había cáncer. Poco a poco recuperé mis fuerzas.

En agosto llegó el momento de mi revisión trimestral en el hospital MD Anderson. Jai y yo volamos a Houston para acudir a la cita y dejamos a los niños al cuidado de una niñera en casa. Consideramos ese viaje como una especie de escapada romántica. Incluso fuimos a un enorme parque acuático el día anterior —ya lo sé, mi idea de una escapada romántica— y me subí al tobogán; una sonrisa iluminaba mi rostro mientras me deslizaba hacia abajo a gran velocidad.

Después, el miércoles 15 de agosto del año 2007, Jai y yo llegamos al hospital MD Anderson para conocer los resultados de mi última tomografía computarizada con mi oncólogo, Robert Wolff. Nos condujeron a una sala de exploración en donde una enfermera me hizo una serie de preguntas de rutina:

—¿Algún cambio en su peso, Randy? ¿Todavía toma los mismos medicamentos?

Jai se percató de la voz feliz y cantarina de la enfermera al marcharse y su júbilo al pronunciar:

—Muy bien; el doctor vendrá a verlos en un momento —mientras cerraba la puerta tras ella.

En la sala de exploración había una computadora encendida y yo me di cuenta de que la enfermera no había cerrado la información que ahí se mostraba; mis registros médicos estaban todavía desplegados en la pantalla. Yo sé entendérmelas con las computadoras, desde luego, pero este asunto no requería ningún tipo de espionaje: todo mi historial médico estaba allí.

—¿Echamos una miradita? —le pregunté a Jai. No me sentía mal por lo que iba a hacer, después de todo se trataba de mis propios registros médicos.

Por medio de algunos "clicks" encontré los resultados de mis análisis de sangre. Había treinta valores que no comprendí, pero yo sabía cuál era el que buscaba: CA 19-9, el indicador de tumores. Cuando lo encontré, el número era un horrendo 208. Un valor normal está por debajo del 37. Lo estudié durante un segundo.

—Éste es el fin —le dije a Jai—. Estoy arruinado.

—¿Qué quieres decir? —me preguntó.

Le comenté acerca del valor CA 19-9. Ella había aprendido lo suficiente acerca del tratamiento contra el cáncer para comprender que el 208 indicaba metástasis: una sentencia de muerte.

—No es gracioso —me dijo—. Deja de hacer bromas.

Entonces abrí las tomografías computarizadas en la pantalla y comencé a contar.

—Uno, dos, tres, cuatro, cinco, seis...

Pude percibir el pánico en la voz de Jai.

—No me digas que estás contando tumores —me dijo. No pude evitarlo y continué la cuenta en voz alta.

—Siete, ocho, nueve, diez...

Los vi todos. El cáncer había hecho metástasis en mi hígado.

Jai se aproximó a la computadora, vio todo con claridad con sus propios ojos y se arrojó a mis brazos. Lloramos juntos. Fue entonces cuando me di cuenta de que no había una caja de pañuelos faciales en la sala de exploración. En ese momento me percaté de que moriría pronto y de mi falta de habilidad para dejar de concentrarme a nivel racional, pues de pronto me sorprendí con este pensamiento: "¿No debería una sala como ésta contar con una caja de *Kleenex*? ¡Guau! ¡Ésa es una seria falla operativa!".

Escuchamos que tocaban a la puerta. El doctor Wolff entró con un fólder en la mano. Miró a Jai, luego a mí y después a las tomografías en la computadora. De inmediato comprendió lo que sucedía. Decidí entonces dar el primer paso.

—Ya lo sabemos —le dije.

Para entonces, Jai estaba casi en *shock* y lloraba de manera histérica. Yo también estaba triste, por supuesto, aunque también estaba fascinado por la manera como el doctor Wolff se hizo cargo de la siniestra tarea a la cual debía enfrentarse. El doctor Wolff se sentó junto a Jai para reconfortarla y con calma le explicó que él ya no se esforzaría más para salvar mi vida.

—Lo que intentaremos hacer —le dijo— es extender el tiempo que le resta a Randy para que tenga la más alta calidad de vida que sea posible. Eso es porque, como están las cosas, la ciencia médica no tiene nada más por ofrecerle para mantenerlo con vida dentro de una expectativa normal.

—Espere, espere, espere —exclamó Jai—. ¿Usted me dice que eso es todo? ¿Así de sencillo cambiamos del "vamos a combatir esto" a "la batalla ha terminado"? ¿Qué hay de un trasplante de hígado?

—No —dijo el doctor—, no una vez que ha ocurrido la metástasis.

Nos habló acerca de emplear quimioterapia paliativa, el cual es un tratamiento que no pretende ser curativo sino sólo aliviar los síntomas y tal vez nos permitiría ganar algunos meses, y también nos habló sobre encontrar maneras para que yo estuviera cómodo e involucrado con la vida a medida que se acercaba el final.

El horrible intercambio fue surrealista para mí. Sí, yo me sentía apabullado y devastado por mí y, en especial, por Jai, quien no podía dejar de llorar. Pero una poderosa parte de mí aún continuaba en el Modo Randy Científico y recolectaba hechos y hacía preguntas al médico para encontrar opciones. Al mismo tiempo, había otra parte de mí que estaba atrapada por completo en la escena del momento. Me impresionó mucho —en realidad, sentí temor reverente— la manera en que el doctor daba las noticias a

Jai. Pensé: "Mira cómo lo hace. Es evidente que lo ha hecho miles de veces antes y es bueno para ello. Lo ha ensayado con cuidado y, sin embargo, todo parece tan conmovedor y espontáneo".

Noté que el doctor se reclinaba hacia atrás en su asiento y cerraba los ojos antes de responder alguna de las preguntas, casi como si esos movimientos le ayudaran a pensar mejor. Observé la postura corporal del médico y su manera de permanecer sentado junto a Jai. Me sentí casi ajeno a todo ello mientras pensaba: "Él no ha colocado su brazo alrededor de los hombros de ella. Comprendo la razón. Sería demasiado presuntuoso. Pero se inclina al frente con la mano en la rodilla de ella. ¡Guau! Es muy bueno para esto".

Deseé que cada estudiante de medicina que considerara la oncología como opción de especialidad pudiera ver lo que yo veía. Observé que el doctor utilizaba la semántica tanto como podía para estructurar frases positivas. Cuando le preguntamos:

—¿Cuánto tiempo pasará antes de que muera? —él respondió:

—Es probable que usted cuente con un lapso de entre tres y seis meses de buena salud.

Me recordó mi temporada en Disney. Pregunta a cualquiera de los trabajadores de Disney: "¿A qué hora se cierra el parque?". Ellos deben responder: "El parque está *abierto* hasta las 8 p.m.".

De alguna manera tuve una extraña sensación de liberación. Durante demasiados meses tensos, Jai y yo habíamos esperado a ver si los tumores habían regresado y cuándo lo harían. Ahora estaba allí un ejército completo de ellos. La espera había finalizado y ahora podíamos enfocarnos en enfrentar lo que viniera a continuación.

Al final de la reunión, el doctor abrazó a Jai y estrechó mi mano. Después, Jai y yo caminamos juntos en dirección a la salida, hacia nuestra nueva realidad.

Al salir del consultorio del médico pensé en lo que había dicho a Jai en el parque acuático, en la fascinación posterior a mi descenso por el tobogán.

—Incluso si los resultados de las tomografías de mañana son malos —le dije—, sólo quiero que sepas que es maravilloso estar vivo y en este lugar ahora mismo; vivo y contigo. Cualesquiera que sean las noticias que recibamos de los exámenes médicos, no voy a morir al escucharlas. No moriré al día siguiente ni al siguiente de ése. Así que hoy, en este preciso momento, es un día maravilloso. Y quiero que sepas cuánto lo disfruto.

Pensé en ello y en la sonrisa de Jai.

Entonces lo supe: así sería como necesitaría vivir el resto de mi vida.

13

El hombre en el automóvil convertible

Una mañana, poco después de recibir el diagnóstico de cáncer, recibí un mensaje de correo electrónico de Robbee Kosak, vicepresidenta de avance de la Universidad Carnegie Mellon. Ella me contó una historia.

Me dijo que conducía del trabajo hacia su casa la noche anterior y que de pronto se encontró detrás de un hombre en un automóvil convertible. Era una calurosa y bella noche de principios de primavera y el hombre había bajado la capota y la ventanilla. Su brazo colgaba sobre la portezuela del lado del conductor y sus dedos golpeaban la superficie de la misma al ritmo de la música que escuchaba en la radio. Movía la cabeza al compás mientras el viento soplaba entre sus cabellos.

Robbee cambió de carril y se acercó un poco más al desconocido. Desde el costado pudo ver que el hombre tenía una ligera sonrisa en los labios, el tipo de sonrisa absorta que tiene una persona cuando se encuentra a solas y feliz con sus pensamientos. Robbee pensó: "¡Guau! Éste es el epítome de una persona que aprecia este día y este momento".

En un momento dado, el automóvil convertible giró en una esquina y fue entonces cuando Robbee pudo mirar el rostro completo del hombre: "¡Oh, por Dios!", se dijo. "¡Es Randy Pausch!"

A ella le impresionó haberme visto. Sabía que mi diagnóstico de cáncer había sido adverso. Sin embargo, según escribió en el mensaje que me escribió, le conmovió ver lo contento que lucía. En aquel momento privado era evidente que estaba de muy buen humor. Robbee escribió en su mensaje: "Nunca te imaginarás de qué manera hizo mi día el hecho de haberte visto; me recordó lo que significa la vida".

Leí el mensaje de correo electrónico de Robbee varias veces. Comencé a considerarlo una suerte de mensaje de retroalimentación constante.

No siempre me ha resultado fácil mantenerme optimista a lo largo de mi tratamiento contra el cáncer. Cuando padeces una delicada condición médica, en realidad es difícil saber cómo enfrentarla a nivel emocional. Incluso me pregunté si una parte de mí actuaba cuando estaba con otras personas. Es posible que algunas veces me obligara a aparentar que era fuerte y positivo. Muchos pacientes de cáncer se sienten obligados a construirse una apariencia de fortaleza. ¿Yo también hacía lo mismo?

Pero Robbee se había encontrado conmigo en un momento en el cual yo tenía baja la guardia. Quiero pensar que ella me vio como soy en realidad. Lo cierto es que ella me vio justo como yo era en ese momento.

Su mensaje de correo electrónico constaba de un solo párrafo, pero significó mucho para mí. Ella me regaló una ventana hacia mi interior. Yo todavía estaba muy comprometido. Todavía sabía que la vida era buena. Estaba bien.

14

El tío holandés

Cualquier persona que me conozca te dirá que siempre he tenido un concepto muy saludable de mí mismo y de mis talentos. Suelo decir lo que pienso y en lo que creo. No tengo mucha paciencia hacia la incompetencia.

Éstas son cualidades que me han servido mucho. Pero ha habido ocasiones, créanlo o no, en las cuales me he comportado de manera arrogante y carente de tacto. Es entonces cuando se vuelven invaluables aquellas personas que pueden ayudar a recalibrarte.

Mi hermana Tammy tuvo que lidiar con el típico chico sabelotodo como hermano. Yo siempre le decía lo que debía hacer, como si el orden de nuestros nacimientos hubiera sido un error que yo intentara corregir de manera incesante.

En cierta ocasión, cuando yo tenía siete años de edad y Tammy nueve, esperábamos el autobús escolar y yo, como era usual, no dejaba de fanfarronear. Ella decidió que ya era suficiente, así que tomó mi lonchera metálica y la arrojó a un charco de lodo... justo cuando el autobús se estacionaba. Mi hermana terminó en la oficina del director mientras yo fui enviado con el conserje para que limpiara mi lonchera, tirara a la basura mi sándwich enlodado y me diera algo de dinero para el almuerzo.

El director le dijo a Tammy que había llamado a nuestra madre.

—Voy a dejar que ella se haga cargo de esto —le dijo.

Cuando llegamos a casa después de la escuela, mi madre dijo:

—Voy a dejar que tu padre se haga cargo de esto.

Mi hermana pasó el resto del día a la ansiosa espera de su destino.

Cuando mi padre llegó a casa después del trabajo, escuchó la historia y sonrió. No iba a castigar a Tammy. Por el contrario, ¡la felicitó por todo lo alto! Yo era un niño que *necesitaba* que arrojaran su lonchera a un charco de lodo. Tammy fue exonerada y yo había sido puesto en mi lugar... pero la lección no fue comprendida por completo.

Para la época en que asistí a la Universidad Brown, yo contaba con ciertas habilidades y la gente sabía que yo lo sabía. Mi buen amigo Scott Sherman, a quien conocí durante el primer año, ahora me recuerda como "el que tenía una total falta de tacto y quien era aclamado a nivel universal como la persona que podía ofender con mayor rapidez a alguien que apenas acabara de conocer".

Por lo regular no me daba cuenta de cómo me comportaba, en parte porque las cosas parecían marchar bien y además tenía éxito a nivel académico. Andy van Dam, el legendario profesor de ciencias computacionales de la escuela, me nombró su asistente de enseñanza. "Andy van Demanda", como era conocido, me apreciaba. Yo sentía pasión por muchas cosas, así que fue un buen trato. Pero, como les ocurre a muchas personas, yo tenía fortalezas que también eran debilidades. Desde el punto de vista de Andy, yo tenía una peligrosa inclinación a los defectos, era demasiado insolente y un inflexible opositor, pues siempre emitía mis opiniones.

Cierto día, Andy me invitó a dar un paseo, colocó su brazo alrededor de mis hombros y dijo:

—Randy, es una pena que la gente perciba que eres tan arrogante, pues eso limitará los logros que puedas alcanzar a lo largo de tu vida.

En retrospectiva, su manera de estructurar esa frase fue perfecta. En realidad me dijo: "Randy, te comportas como un cretino", pero me lo dijo de manera que me permitió abrirme a su crítica y escuchar a mi héroe decirme algo que yo necesitaba saber. Hay una vieja frase, "el tío holandés", que se refiere a una persona que te proporciona una retroalimentación honesta. Muy poca gente se molesta en hacer eso en la actualidad, así que la expresión ha comenzado a sonar un tanto anticuada e incluso misteriosa. (La mejor parte es que Andy en realidad es holandés.)

Desde que mi última lección comenzó a difundirse por Internet, muchos amigos se han burlado de ella y ahora me llaman "san Randy". Ésta es su manera de recordarme que hubo momentos en los cuales me describieron de otras maneras mucho más coloridas.

Sin embargo, me gusta pensar que mis fallas se refieren a la categoría social y no a la moral. Con el paso de los años he sido lo bastante afortunado como para beneficiarme de personas como Andy, a quienes les he importado lo suficiente para decirme las cosas del amor rudo que yo necesitaba escuchar.

15

Derramar refresco en el asiento trasero

Durante mucho tiempo, gran parte de mi identidad constituyó ser "el tío soltero". En mi segunda y tercera década de vida no tuve hijos, y los hijos de mi hermana, Chris y Laura, se convirtieron en el objeto de mi afecto. Me revelé como el tío Randy, el sujeto que aparecía en sus vidas cada mes más o menos para ayudarles a ver su mundo desde ángulos nuevos y extraños.

No se trataba de malcriarlos. Yo sólo intentaba compartirles mi perspectiva de vida. En ocasiones, eso volvió loca a mi hermana.

En una ocasión, unos doce años atrás, cuando Chris tenía siete años de edad y Laura nueve, fui a recogerlos en mi Volkswagen cabrio convertible nuevo y flamante.

—Tengan cuidado en el auto nuevo del tío Randy —les dijo mi hermana—. Límpiense los pies antes de subirse. No descompongan nada. No lo ensucien.

Yo la escuché y pensé, como sólo puede hacerlo un buen tío soltero: "Ése es justo el tipo de advertencias que predisponen a los chicos al error. Desde luego que en algún momento ensuciarán mi auto. Los niños no pueden evitarlo", así que les facilité las cosas. Mientras mi hermana les hacía una lista de normas, yo abrí lenta y deliberadamente una lata de refresco, la giré hacia abajo y derramé el contenido en los asientos de tela de la parte trasera del convertible. Mi mensaje: la gente es más importante que las cosas. Un automóvil, incluso una prístina joya como mi convertible nuevo, era sólo una cosa.

Mientras derramaba aquella Coca-Cola, miré hacia Chris y Laura, bocas abiertas, ojos desorbitados. Allí estaba el loco del tío Randy en actitud de completo rechazo a las reglas de los adultos.

Resultó que me agradó mucho haber derramado el refresco porque, esa misma semana, el pequeño Chris enfermó de gripe y vomitó en todo el asiento trasero. Él no se sintió culpable. Por el contrario, se sintió liberado, pues ya me había observado *a mí* bautizar el auto. Él sabía que todo estaba bien.

Siempre que los chicos estaban conmigo, sólo tenían dos reglas:

1. No lloriquear.
2. Sin importar lo que hiciéramos juntos, no decirle a mamá.

No decirle a mamá convertía todo lo que hacíamos en una aventura de piratas. Incluso lo mundano se hacía mágico.

La mayoría de los fines de semana, Chris y Laura venían a pasar el rato a mi apartamento y yo los llevaba a *Chuck E. Cheese*, dábamos un paseo a pie o visitábamos un museo. En fines de semana especiales nos hospedábamos en un hotel con alberca.

Nos encantaba preparar *hot-cakes* juntos. Mi padre siempre preguntaba: "¿Por qué los *hot-cakes* tienen que ser siempre redondos?", y yo me hacía la misma pregunta. Es por eso que siempre hacíamos *hot-cakes* de extrañas formas animales. En esta actividad hay tanto desaliño que me encanta, pues cada *hot-cake* de animal que haces es un examen Rorschach no intencional. Chris y Laura decían: "Ésta no es la forma del animal que yo quería". Pero eso nos permitía mirar al *hot-cake* tal como era e imaginar al animal que debió ser.

He observado crecer a Chris y Laura hasta convertirse en unos adultos jóvenes sensacionales. Ella ahora tiene 21 años de edad y él tiene 19. En estos días estoy más agradecido que nunca por haber sido parte de su infancia, porque me he dado cuenta de una cosa: no es muy probable que yo tenga la oportunidad de ser padre de niños mayores a los seis años de edad, de manera que mi tiempo con Chris y Laura se ha hecho aún más precioso. Ellos me dieron el regalo de ser una presencia en sus vidas a lo largo de su preadolescencia y sus años adolescentes, hasta la edad adulta.

Hace poco les pedí un favor a Chris y a Laura. Después de mi muerte, quiero que ellos lleven a mis hijos a varios lugares durante los fines de semana y que hagan cosas juntos. Cualquier cosa divertida que se les ocurra. No tienen que ser las mismas actividades que realizamos juntos. Incluso pueden permitir que mis hijos sean quienes decidan. A Dylan le gustan los dinosaurios. Tal vez Chris y Laura puedan llevarlo a un museo de historia natural. A Logan le gustan los deportes. Tal vez Chris y Laura puedan llevarlo a ver un juego de los Acereros. Y Chloe adora bailar. Ya se las arreglarán.

También quiero que mis sobrinos les digan algunas cosas a mis hijos. Primero, pueden decir: "Tu padre nos pidió que pasáramos este tiempo con ustedes, así como él lo hizo con nosotros". Espero que también les expliquen cómo luché para permanecer con vida. Consentí en someterme a los tratamientos más severos que pudieran administrarme porque quería estar aquí el mayor tiempo posible para mis hijos. Ése es el mensaje. Les he pedido a Chris y a Laura que se los transmitan.

Ah, y una cosa más. Si mis hijos hacen desorden en sus autos, espero que Chris y Laura piensen en mí y sonrían.

16

Enamorar a una muralla de ladrillos

La muralla de ladrillos más formidable con la cual me encontré en mi vida medía sólo 1.65 metros de estatura y era hermosa por completo. Pero me hizo llorar, me obligó a reevaluar mi vida entera y me condujo a llamar a mi padre, en un estado lamentable, para pedirle consejo sobre cómo escalarla.

Esa muralla de ladrillos era Jai.

Como dije en la lección, siempre fui muy adepto a cargar contra las murallas de ladrillos en mi vida académica y profesional. No le conté a la audiencia sobre mi etapa de cortejo con mi esposa porque sabía que me pondría muy sentimental. Sin embargo, las palabras que dije en el escenario son apropiadas para describir mis primeros días con Jai:

—Las murallas de ladrillos están ahí para detener a las personas que no lo desean con suficiente fuerza. Están allí para detener a la *otra* gente.

Yo era un soltero de 37 años de edad cuando conocí a Jai. Ya había invertido bastante tiempo con varias citas, me divertí bastante y perdí algunas novias que quisieron formalizar la relación. Durante años nunca sentí la compulsión de sentar cabeza. Incluso como profesor titular, aunque podía pagar algo mejor, vivía en un apartamento de ático sin ascensor y con escaleras para emergencias que costaba 450 dólares al mes. Era un sitio en el cual nunca vivirían mis alumnos graduados por ser inferior a ellos, pero para mí era perfecto.

En una ocasión, un amigo me preguntó:

—¿Qué clase de mujer crees que se impresionaría si la trajeras a este sitio?

Yo respondí:

—Una de la clase correcta.

Pero, ¿a quién engañaba? Yo era un Peter Pan amante de la diversión y adicto al trabajo con sillas metálicas plegables en el comedor. Ninguna mujer, excepto la que perteneciera a la clase correcta, esperaría sentar cabeza con placer en algo así. (Y cuando Jai por fin llegó a mi vida, ni siquiera ella.) Era cierto que yo tenía un buen empleo y que las cosas marchaban bien en mi vida, pero yo no era el material ideal para el matrimonio perfecto.

Conocí a Jai en el otoño del año 1998, cuando me invitaron a dar una lección acerca de la tecnología de la realidad virtual en la Universidad de Carolina del Norte, en Chapel Hill. Jai, quien entonces tenía 31 años de edad y era estudiante graduada en literatura comparada, trabajaba de medio tiempo en el departamento de ciencias computacionales en la UCN. Su trabajo consistía en recibir a los visitantes que llegaran al laboratorio, tanto ganadores de premios Nobel como integrantes de una tropa de niñas exploradoras. Ese día en particular, su trabajo fue recibirme a mí.

Jai ya me había visto hablar en público durante el verano anterior en una lección sobre gráficos computarizados en Orlando. Después me comentó que había considerado acercarse a mí una vez finalizada la charla para presentarse, pero nunca lo hizo. Cuando se enteró de que sería mi anfitriona cuando yo visitara la UCN, ella exploró mi sitio *web* para saber más acerca de mí. Revisó toda mi información académica y después encontró las ligas a mi más bizarra información personal: que mis pasatiempos eran construir casas con pan de jengibre y sembrar. Consultó mi edad y no encontró mención alguna acerca de si tenía novia o esposa, aunque sí encontró muchas fotografías de mis sobrinos.

Ella se imaginó que yo era un tipo excéntrico e interesante, y estaba lo bastante intrigada como para hacer algunas llamadas a amigos de ella pertenecientes a la comunidad de las ciencias computacionales.

—¿Qué sabes acerca de Randy Pausch? —preguntó—. ¿Es homosexual?

Le dijeron que no. De hecho, le comentaron que yo tenía la reputación de ser un mujeriego que nunca sentaría cabeza (bueno, al grado en que un científico de la computación puede ser considerado un "mujeriego").

En cuanto a Jai, ella había estado casada por poco tiempo con su novio del colegio y, después de que esa relación terminó en un divorcio, sin hijos, ella estaba muy temerosa de involucrarse de nuevo en una relación seria.

Desde el momento en que la conocí, el día de mi visita, me descubrí en el acto de mirarla embobado. Ella es muy bella, desde luego, y entonces tenía ese maravilloso cabello largo y esa sonrisa que hablaba de su calidez y su inocencia. Me llevó a un laboratorio para presenciar la demostración de los estudiantes de sus proyectos de realidad virtual y me resultó difícil concentrarme en cualquiera de ellos porque Jai estaba allí.

Muy pronto comencé a coquetearle de manera agresiva. Puesto que nos encontrábamos en una institución profesional, lo anterior significa que hice mucho más contacto visual del que se hubiera considerado apropiado. Tiempo después, Jai me dijo:

—Yo no sabía si hacías eso con toda la gente o sólo conmigo.

Créeme, era sólo con ella.

En un momento determinado del día, Jai se sentó conmigo para hacerme preguntas acerca de traer proyectos de *software* a la UCN. Para entonces, yo ya estaba embelesado por completo con ella. Tenía que asistir a una cena formal de la facultad esa noche, pero le pregunté si después tomaría una copa conmigo. Ella aceptó.

No pude concentrarme durante la cena. Sólo deseaba que esos profesores titulares masticaran más aprisa. De hecho, los convencí a todos de no ordenar postre y logré escapar de allí a las 8:30 para llamar a Jai.

Fuimos a un bar, a pesar de que yo en realidad no bebo, y muy pronto percibí la sensación magnética de que en verdad quería estar con aquella mujer. Ya tenía un vuelo programado de regreso a casa a la mañana siguiente, pero le dije que lo cambiaría si accedía a salir conmigo. Ella dijo que sí y la pasamos muy bien.

Después de regresar a Pittsburgh le ofrecí mis millas de viajero frecuente y la invité a visitarme. Ella tenía sentimientos evidentes hacia mí, pero estaba temerosa tanto de mi reputación como de la posibilidad de enamorarse.

"No iré", me escribió en un mensaje de correo electrónico. "Lo he pensado bien y no busco una relación a larga distancia. Lo lamento."

Yo estaba atrapado, por supuesto, y aquélla era una muralla de ladrillos que pensé que podría manejar. Le envié una docena de rosas y una tarjeta que decía: "A pesar de que tu decisión me entristece en gran medida, la respeto y te deseo lo mejor. Randy".

Bueno, funcionó. Ella abordó el avión.

Admito que, o soy un romántico incurable o soy maquiavélico, pero yo sólo la quería en mi vida. Yo me *había* enamorado, aunque ella todavía estaba en la búsqueda de su camino.

Nos vimos casi todos los fines de semana del invierno. A pesar de que Jai no estaba encantada con mis brusquedades y mi actitud de sabelotodo, decía que yo era la persona más positiva y vigorosa que había conocido en la vida. Y ella hacía emerger cosas buenas en mí. Me encontré más preocupado por su bienestar y su felicidad que por cualquier otra cosa.

Con el tiempo le pedí que se mudara a Pittsburgh. Le ofrecí comprarle un anillo de compromiso, pero sabía que ella todavía se sentía temerosa y que aquello la asustaría, de manera que no la presioné y ella accedió a dar un primer paso: mudarse y conseguir un departamento.

En abril yo hice arreglos para impartir un seminario de fin de semana en la UCN. Eso me permitiría ayudarle a empacar y trasladar sus pertenencias a Pittsburgh.

Después de llegar a Chapel Hill, Jai me dijo que necesitábamos hablar. Estaba más seria que nunca.

—No puedo ir a Pittsburgh contigo. Lo lamento —me dijo.

Me pregunté qué había en su mente y le pedí una explicación. Su respuesta fue: "Nunca funcionará". Yo tenía que saber por qué.

—Es sólo que… —comenzó—. Es sólo que yo no te amo de la manera que tú quieres que te ame —y una vez más, para enfatizar—: Yo no te amo.

Yo estaba horrorizado y destrozado. Fue como un golpe en el vientre. ¿En verdad quería decir eso?

Fue una escena muy rara. Ella no sabía cómo se sentía. Yo no sabía cómo me sentía. Necesitaba que alguien me llevara de regreso a mi hotel.

—¿Serías tan amable de llevarme o debo llamar a un taxi?

Ella me llevó y, cuando llegamos, saqué mi equipaje de su camioneta mientras intentaba contener las lágrimas. Si es posible ser arrogante, optimista y miserable por completo, todo al mismo tiempo, creo que yo lo logré:

—Mira, encontraré la manera de ser feliz. Me hubiera gustado mucho ser feliz contigo pero, si no puedo serlo, entonces encontraré la manera de ser feliz sin ti.

En el hotel pasé gran parte del día al teléfono con mis padres. Les conté acerca de la muralla de ladrillos con la que me había estrellado. Sus consejos fueron increíbles:

—Mira —dijo mi padre—, no creo que ella lo haya dicho en serio. No es consistente con su comportamiento hasta el momento. Tú le has pedido que corte sus raíces para huir contigo. Es probable que se sienta confundida y muerta de miedo. Si en verdad no te ama, entonces todo ha terminado. En cambio, si te ama, entonces el amor ganará.

Pregunté a mis padres qué debía hacer.

—Apóyala —dijo mi madre—. Si la amas, apóyala.

Así que eso hice. Impartí algunas clases durante la semana y ocupé una oficina a un salón de distancia de Jai. Pasé un par de veces por ahí sólo para saber si ella estaba bien.

—Sólo quería saber cómo estás —le decía—. Si hay algo que yo pueda hacer, por favor avísame.

Unos días después, Jai me llamó.

—Bueno, Randy, estoy sentada en este sitio y te extraño; desearía que estuvieras aquí. Eso significa algo, ¿no es así?

Ella se dio cuenta de una cosa: estaba enamorada, después de todo. Una vez más, mis padres tuvieron razón. El amor *había* ganado. Cuando la semana llegó a su fin, Jai se mudó a Pittsburgh.

Las murallas de ladrillos están allí por una razón: nos dan la oportunidad de demostrar cuán intenso es nuestro deseo por algo.

17

No todos los cuentos de hadas tienen un final feliz

Jai y yo nos casamos bajo un roble de cien años de edad en el prado de una famosa mansión victoriana en Pittsburgh. Fue una ceremonia pequeña, pero a mí me gustan las grandes declaraciones románticas, de manera que Jai y yo acordamos comenzar nuestro matrimonio de una manera muy especial.

No nos marchamos de la recepción en un automóvil con latas amarradas a la defensa trasera. Tampoco nos subimos a un carruaje jalado por caballos. En lugar de eso nos subimos a un enorme globo multicolor de aire caliente que nos elevó hasta las nubes, mientras nuestros amigos y seres queridos nos despedían y agitaban las manos para desearnos un buen viaje. ¡Qué momento Kodak!

Cuando nos subimos a la canastilla del globo, Jai estaba fascinada.

—¡Es como el final de un cuento de hadas en una película de Disney! —dijo.

Entonces el globo se estrelló contra tres ramas al momento de elevarnos. No sonó como la destrucción del *Hinderburg*, pero sí fue un poco desconcertante.

—No hay problema —dijo el hombre encargado de hacer volar el globo (se les llama "globeros")—. Por lo regular volamos bien entre las ramas.

¿Por lo regular?

También es cierto que habíamos despegado un poco más tarde de lo acordado y el globero indicó que tal vez eso dificultaría la situación porque ya comenzaba a oscurecer. Además, los vientos habían cambiado.

—En realidad no puedo controlar hacia dónde iremos. Estamos a merced de los vientos —dijo—. Pero estaremos bien.

El globo viajó sobre la zona urbana de Pittsburgh, de un lado a otro de los tres ríos famosos de la ciudad. No era donde el globero quería estar y pude percatarme de que estaba preocupado.

—No hay un sitio adecuado para aterrizar este pájaro —dijo, casi para sí mismo. Después, a nosotros—. Tendremos que continuar con la búsqueda.

Los recién casados ya no disfrutábamos de la vista. Todos buscábamos un espacio abierto de considerable tamaño dentro del paisaje urbano. Por fin, flotamos hacia los suburbios y el globero encontró un campo abierto a la distancia, de manera que se concentró en hacer descender el globo en ese sitio.

—Esto debe funcionar —dijo, y comenzamos a descender a gran velocidad.

Yo miré el campo hacia abajo. Parecía ser lo bastante grande, pero también noté que había una vía férrea en uno de sus costados. Mis ojos siguieron la vía: venía un tren. En ese momento, yo ya no era el novio sino el ingeniero, así que le dije al globero:

—Señor, creo que hay una variable allí.

—¿Una variable? ¿Así es como ustedes, los chicos de las computadoras, les llaman a los problemas? —preguntó.

—Bueno, sí. ¿Y si nos estrellamos con el tren?

Él respondió con honestidad. Nos encontrábamos en la canastilla del globo y las probabilidades de que dicha canastilla golpeara al tren eran escasas.

Sin embargo, era cierto que existía el riesgo de que el globo gigante (llamado "el envoltorio") cayera sobre las vías del tren cuando tocáramos tierra. Si el tren que se aproximaba quedaba enredado en el envoltorio recién caído, nos encontraríamos en el extremo peligroso de la cuerda, dentro de una canastilla que sería arrastrada. En ese caso, no sólo era posible sino probable que resultáramos heridos de gravedad.

—Cuando esta cosa llegue al suelo, corran tan rápido como puedan —dijo el globero.

Éstas no son las palabras que la mayoría de las novias desea escuchar en el día de su boda. En resumen, Jai ya no se sentía como una princesa de Disney; yo ya sentía que era un personaje de una película de desastres y pensaba cómo salvar a mi esposa durante la calamidad que estaba por hacerse presente.

Miré al globero a los ojos. Con frecuencia confío en las personas que cuentan con la experiencia de la que yo carezco y quería obtener una idea clara de qué opinaba acerca de lo que nos sucedía. En su rostro encontré algo más que confusión: vi un asomo de pánico y también vi temor. Miré a Jai. Yo había disfrutado nuestro matrimonio hasta el momento.

Mientras el globo continuaba su descenso intenté calcular la rapidez con la que tendríamos que saltar fuera de la canastilla y correr para salvar nuestras vidas. Me imaginé que el globero se las arreglaría por sí mismo y, si no, bueno, de cualquier modo yo sujetaría primero a Jai. La amaba. A él apenas lo conocía.

El globero dejaba escapar el aire del globo y jalaba todas las cuerdas que podía. Su único deseo era descender en alguna parte, y pronto. En ese momento hubiera sido preferible estrellarnos contra una casa de las cercanías que contra el tren que se aproximaba a gran velocidad.

Nos tomaron esta foto *antes* de subirnos al globo.

La canastilla golpeó con fuerza cuando aterrizamos en el campo, rebotó algunas veces y se balanceó hacia todas las direcciones, hasta por fin detenerse casi en posición horizontal. En cuestión de segundos, el envoltorio se desparramó en el suelo pero, por fortuna, no llegó hasta el tren en movimiento. Mientras tanto, las personas que transitaban por la vía rápida cercana vieron nuestro aterrizaje, detuvieron sus automóviles y corrieron a prestarnos ayuda. Imagínate la escena: Jai con su vestido de novia, yo con mi traje, el globo colapsado y el aliviado globero.

Quedamos bastante aturdidos. Mi amigo Jack había viajado en el auto de guardia y había seguido la trayectoria del globo desde tierra firme. Cuando llegó hasta donde estábamos se sintió feliz de encontrarnos a salvo después de nuestra experiencia cercana a la muerte.

Invertimos un rato en reflexionar acerca de nuestro recordatorio de que todo momento estilo cuento de hadas encierra sus riesgos, mientras guardaban el globo accidentado en la camioneta del globero. Después, justo cuando Jack se disponía a llevarnos a casa, el globero corrió hacia nosotros.

—¡Esperen, esperen! —exclamó—. ¡Ustedes ordenaron el paquete de bodas! ¡Incluye una botella de champán! —nos entregó una botella barata que traía en la camioneta—. ¡Felicidades! —dijo.

Esbozamos una débil sonrisa y le dimos las gracias. Apenas era el atardecer de nuestro primer día de matrimonio, pero hasta ese momento lo habíamos logrado.

18

"Lucy, ya estoy en casa"

Cierto día cálido, al principio de nuestro matrimonio, me fui a pie a la Universidad Carnegie Mellon y Jai estaba en casa. Recuerdo esto porque ese día en particular cobró fama en nuestro hogar como "el día en que Jai logró una colisión entre dos autos con un solo conductor".

Nuestra minivan estaba en la cochera y mi Volkswagen convertible estaba estacionado en la calle. Jai sacó la minivan sin darse cuenta de que el otro auto estaba en el camino. El resultado fue un crunch, bum, bam instantáneo.

Lo que siguió a continuación demuestra que, en ciertos momentos, todos vivimos como en un episodio de *I Love Lucy*. Jai pasó el resto del día obsesionada en cómo explicarle todo a Ricky cuando éste llegara a casa del Club Babalú.

Ella pensó que lo mejor era crear las circunstancias perfectas para anunciar las noticias. Se aseguró de que ambos autos estuvieran en la cochera y de que la puerta de la misma estuviera cerrada. Se comportó con mucha más dulzura que de costumbre cuando llegué a casa y me preguntó cómo había estado mi día. Puso música suave y preparó mi comida preferida. No vestía un *negligeé*, no tuve tanta suerte, pero hizo su mejor esfuerzo por comportarse como una amorosa y perfecta compañera.

Hacia el final de nuestra deliciosa cena, me dijo:

—Randy, tengo algo que decirte. Choqué uno de los autos con el otro.

Le pregunté cómo había sucedido e hice que describiera los daños. Ella dijo que el convertible había resultado con los peores golpes, pero que ambos autos funcionaban bien.

—¿Quieres ir a la cochera a verlos? —preguntó.

—No —le dije—, terminemos de cenar primero.

Ella estaba sorprendida. Yo no estaba enojado; de hecho, casi no lucía contrariado. Según descubriría Jai después, mi reacción tenía sus orígenes en mi educación.

Después de cenar fuimos a ver los autos. Yo sólo alcé los hombros y pude notar que comenzaba a desaparecer la ansiedad que Jai acumuló durante todo el día.

—Mañana temprano —prometió— solicitaré cotizaciones de las reparaciones.

Le dije que eso no era necesario. Las abolladuras estaban bien. Mis padres me educaron para reconocer que los automóviles existen para transportarnos del punto A al punto B. Son artículos utilitarios, no expresiones de un nivel social, de manera que le dije a Jai que las reparaciones cosméticas no eran necesarias. Viviríamos con los golpes y las abolladuras.

Jai estaba estupefacta.

—¿De verdad vamos a ir de un lado a otro en autos abollados? —preguntó.

—Bueno, no puedes tener sólo una parte de mí, Jai —le dije—. Tú aprecias la parte de mí que no se molestó porque dos "cosas" que nos pertenecen se dañaron. Pero el lado oculto en ello es mi creencia en que no es necesario reparar las cosas si todavía hacen lo que deben hacer. Los autos aún funcionan. Conduzcámoslos así.

De acuerdo, tal vez lo anterior revela que soy un tanto caprichoso. Pero si tu bote de basura o tu carretilla tienen una abolladura, no compras unos nuevos. Tal vez sea porque no utilizamos nuestros botes de basura o nuestras carretillas para comunicar nuestro nivel social o nuestra identidad a los demás. Para Jai y para mí, nuestros automóviles abollados se convirtieron en una declaración fundamental para nuestro matrimonio: no todo necesita reparaciones.

19

Una historia de Año Nuevo

Sin importar cuán mal estén las cosas, siempre puedes empeorarlas. Al mismo tiempo, siempre está en tu poder mejorarlas. Aprendí bien esta lección la víspera de Año Nuevo del año 2001.

Jai tenía siete meses de embarazo de Dylan y estábamos por dar la bienvenida al 2002 con una noche tranquila en casa mientras mirábamos un DVD.

Apenas comenzaba la película cuando Jai dijo:

—Creo que ya rompí aguas.

Pero no se trataba de agua. Era sangre. En un instante, ella sangraba de manera tan profusa que me percaté de que no teníamos tiempo ni siquiera para llamar a una ambulancia. El hospital Magee-Womens de Pittsburgh estaba a cuatro minutos de distancia en auto si hacía caso omiso de los semáforos en rojo, lo cual hice.

Cuando llegamos a la sala de emergencias, médicos, enfermeras y demás personal del hospital descendieron con sustancias intravenosas, estetoscopios y formularios de seguros. Pronto se determinó que la placenta se había desprendido de la pared del útero, lo cual se conoce como "placenta abrupta". Con ese tipo de complicaciones en la placenta, el soporte de vida del feto está a punto de llegar a su fin. No necesitaron explicarme la gravedad de este problema, pues de inmediato comprendí que la salud de Jai y la viabilidad de nuestro bebé estaban en gran riesgo.

Durante varias semanas el embarazo no había marchado del todo bien. Jai casi no podía sentir las pataditas del bebé y no ganaba el peso suficiente. Como sabía lo crucial que es que la gente sea agresiva en lo que respecta a sus cuidados médicos, yo había insistido en que se sometiera a otro ultrasonido. Fue entonces cuando los doctores se dieron cuenta de que la placenta no funcionaba de manera eficiente. El bebé no progresaba, razón por la cual los médicos le aplicaron a Jai una inyección de esteroides para estimular el desarrollo de los pulmones del pequeño.

La situación era muy preocupante. Pero ahora, en la sala de emergencias, las cosas se volvieron aún más graves.

—Su esposa está próxima a sufrir un choque clínico —dijo una enfermera.

Jai estaba muy asustada. Pude verlo en su expresión facial. ¿Cómo estaba yo? También asustado, pero intentaba mantener la calma para poder evaluar la situación.

Miré a mi alrededor. Eran las nueve de la noche de la víspera de Año Nuevo. De seguro, los doctores y enfermeras de la lista principal se habían tomado la noche libre. Tenía que asumir que éste era el equipo B. ¿Sería ese equipo capaz de salvar a mi hijo y a mi esposa?

Sin embargo, no pasó mucho tiempo antes de que esos médicos y enfermeras me sorprendieran. Si ellos conformaban el equipo B, eran excelentes y se hicieron cargo de la emergencia con una mezcla justa entre prisa y calma. No parecía que los dominara el pánico y se comportaban como si supieran con exactitud lo que tenía que hacerse momento a momento. Y *decían* las palabras apropiadas.

Al conducir de prisa a Jai a la sala de operaciones para practicarle una cesárea de emergencia, ella le dijo a la doctora:

—Esto es malo, ¿verdad?

Admiré la respuesta de la doctora. Fue la respuesta perfecta para esos momentos:

—Si en verdad sintiéramos pánico no le hubiéramos pedido que firmara los formularios del seguro, ¿cierto? —le dijo a Jai—. No hubiéramos contado con el tiempo suficiente.

La doctora tenía razón. Me pregunté con qué frecuencia utilizaría su excusa de "los trámites del hospital" para aliviar las ansiedades de los pacientes.

Sea cual sea el caso, sus palabras fueron muy útiles. Después, el anestesiólogo me llevó aparte.

—Mire, usted tendrá un trabajo por hacer esta noche —me dijo—, y la única persona que puede hacerlo es usted. Su esposa está muy próxima al choque clínico. Si cae en choque, podemos tratarla, pero no será sencillo para nosotros, de manera que usted deberá ayudarnos a mantenerla en calma. Queremos que usted la mantenga con nosotros.

Con frecuencia, todo el mundo supone que los esposos tienen un papel real cuando nacen los bebés. "Respira, cariño. Bien. Respira. Muy bien." Para mi padre, esa cultura de la asesoría siempre le pareció divertida pues él estaba afuera comiendo hamburguesas con queso cuando nació su primer hijo. Pero ahora me habían asignado un trabajo real. El anestesiólogo fue directo y yo pude sentir la intensidad de su solicitud.

—No sé lo que deba decirle a su esposa o cómo deba decírselo —me dijo—. Confiaré en lo que usted decida. Sólo manténgala lejos de los extremos cuando sienta miedo.

Comenzaron con la cesárea y yo tomé la mano de Jai con tanta firmeza como me fue posible. Desde donde me encontraba pude ver lo que sucedía, pero ella no. Decidí entonces platicarle todo lo que ocurría con voz serena. Le diría la verdad.

Sus labios estaban azules y todo su cuerpo temblaba. Yo le acariciaba la cabeza y luego sujetaba su mano entre las mías, mientras intentaba describir la cirugía de una manera que fuera discreta aunque confiada. Por su parte, Jai intentaba con desesperación permanecer con nosotros, en calma y consciente.

—Veo un bebé —dije—. Llega un bebé.

A causa de las lágrimas, ella no pudo articular la difícil pregunta. Pero yo ya tenía la respuesta:

—Se mueve.

Después el bebé, nuestro primer hijo, Dylan, dejó escapar un berrido como el que nunca antes has escuchado. Como un sangriento asesino. Las enfermeras sonrieron.

—Esto es excelente —alguien dijo.

Los recién nacidos que salen débiles son los que con frecuencia presentan más problemas. Pero aquellos que salen furiosos y con potentes gritos son los luchadores. Ellos son quienes logran grandes avances.

Dylan pesó 1.350 kilos. Su cabeza era del tamaño de una pelota de beisbol. La buena noticia era que respiraba bien por sí mismo.

Jai estaba sobrecogida de emoción y alivio. En su sonrisa pude ver que sus labios recuperaban su tono normal, después de ser azules. Me sentí muy orgulloso de ella y su valor me sorprendió. ¿Había yo evitado que entrara en estado de choque? No lo sé, pero había intentado decir, hacer y sentir todo lo posible para mantenerla con nosotros. Había intentado no caer en pánico. Tal vez eso ayudó.

Llevaron a Dylan a la unidad de cuidados intensivos para neonatos. Tuve que reconocer que los padres cuyos bebés estaban allí necesitaban que los médicos y las enfermeras les transmitieran confianza de maneras muy específicas. En el hospital Magee, ellos hicieron un estupendo trabajo al comunicar de forma simultánea dos mensajes disonantes. Con muchas palabras, ellos les decían a los padres que: 1) su bebé es especial y comprendemos que sus necesidades médicas son únicas; y 2) no se preocupe, millones de bebés como el suyo llegan aquí.

Dylan nunca necesitó un respirador artificial pero, día tras día, nosotros sentíamos un temor intenso de que tuviera un retroceso. Todavía nos parecía que era demasiado pronto para celebrar nuestra nueva familia de tres miembros. Cuando Jai y yo nos presentábamos en el hospital cada día, había un pensamiento silencioso en nuestras mentes: "¿Estará vivo nuestro bebé cuando lleguemos?".

Cierto día, cuando llegamos al hospital, la cuna de Dylan no estaba allí. Jai casi se desmaya a causa de la impresión y mi corazón latía con fuerza. Sujeté a la enfermera más cercana por las solapas y no pude articular frases completas, pues el miedo escapaba de mi interior en *staccato*.

—Bebé. Apellido Pausch. ¿Dónde?

En ese momento me sentí debilitado de una manera que no puedo explicar. Temí que estuviera a punto de entrar en un sitio oscuro al cual nunca antes había sido invitado.

Pero la enfermera sólo sonrió.

—Oh, su bebé ha respondido tan bien que ya lo llevamos arriba, a una cuna abierta —nos dijo, lo cual es una descripción benigna de una incubadora.

Aliviados, corrimos hasta las escaleras y subimos al siguiente piso. Allí estaba Dylan, quien se abría camino hacia su infancia a gritos.

El nacimiento de Dylan significó un recordatorio para mí de los papeles que debemos jugar en nuestro destino. Jai y yo pudimos empeorar las cosas si hubiéramos permitido que la contrariedad nos abatiera. Ella pudo ponerse tan histérica que hubiera entrado en choque. Yo pude haberme sentido tan agobiado que no hubiera prestado ayuda alguna en la sala de operaciones.

A lo largo de todo el proceso, creo que nunca nos dijimos uno al otro: "Esto no es justo". Sólo continuamos. Reconocimos que *había* cosas que podíamos hacer y que podían ayudar a que los resultados fueran positivos... y las hicimos. Sin decirlo en palabras, nuestra actitud fue: "Montemos de nuevo y cabalguemos".

20

En cincuenta años nunca lo supimos

Después de que mi padre murió en el año 2006, nos hicimos cargo de sus cosas. Siempre estuvo lleno de vida y sus pertenencias hablaban de sus aventuras. Encontré fotografías de él cuando era joven y tocaba el acordeón, cuando era un hombre de mediana edad y vestía un traje de Santa Claus (le encantaba representar a Santa Claus), y como hombre mayor, abrazado a un oso de peluche mucho más grande que él. En otra fotografía, que le tomaron en su decimoctavo cumpleaños, estaba en una montaña rusa con un grupo de veinteañeros y tenía una gran sonrisa en los labios.

Entre las cosas de mi padre me encontré con ciertos misterios que me hicieron sonreír. Mi padre tenía una fotografía de sí mismo —tal parece que se la tomaron a principios de los años sesenta—; vestía un traje y una corbata, y se encontraba en una tienda de comestibles. Con una mano sostenía una bolsa de papel. Nunca conoceré el contenido de esa bolsa pero, como conozco a mi padre, sé que se trataba de algo genial.

En algunas ocasiones, después del trabajo, traía a casa un pequeño juguete o un caramelo y los presentaba con florituras y con un poco de drama. Su entrega era mucho más divertida que lo que tuviera para nosotros. Eso fue lo que la fotografía de la bolsa trajo a mi mente.

Mi padre con su uniforme.

Mi padre también guardó un montón de papeles. Se trataba de cartas relacionadas con su negocio de seguros y documentos de sus proyectos de caridad. Después, enterrado debajo de los papeles, encontramos un comunicado fechado en 1945, cuando mi padre formaba parte del ejército. El reconocimiento por "logro heroico" provenía del comandante general de la 75a. división de infantería.

El 11 de abril de 1945, la compañía de infantería de mi padre fue atacada por las fuerzas alemanas y, durante los primeros momentos de la batalla, la artillería pesada produjo ocho muertes. De acuerdo con el comunicado: "Sin importarle su propia seguridad, el soldado Pausch salió de una posición cubierta y comenzó a atender a los hombres heridos mientras las granadas caían en las inmediaciones. Este soldado dispensó atención médica de manera tan eficiente que los soldados heridos fueron evacuados del sitio con éxito".

En reconocimiento a su conducta, mi padre, quien entonces tenía 28 años de edad, recibió la Estrella de Bronce por su valor.

Durante los cincuenta años que duró el matrimonio de mis padres y durante las miles de conversaciones que él sostuvo conmigo, nunca reveló ese suceso. Y ahí estaba yo, semanas después de su muerte, recibiendo otra de sus lecciones acerca del significado del sacrificio y el poder de la humildad.

21

Jai

Le he preguntado a Jai qué ha aprendido desde que conocimos mi diagnóstico. Sucede que ella podría escribir un libro titulado *Olviden la última lección; he aquí la historia real.*

Mi esposa es una mujer fuerte. Admiro su capacidad de ser directa, su honestidad, su deseo de decirme las cosas como son. Incluso ahora, sólo unos meses antes de partir, intentamos interactuar entre nosotros como si todo fuera normal y nuestro matrimonio todavía tuviera varias décadas por delante. Discutimos, nos frustramos, nos enojamos y nos reconciliamos.

Jai dice que todavía tiene que ingeniárselas para lidiar conmigo, pero creo que ha logrado muchos progresos.

—Siempre eres el científico, Randy —me dice—. ¿Quieres ciencia? Yo te daré ciencia.

Ella solía decirme que tenía una "intuición" acerca de algo. Ahora, en cambio, me proporciona datos.

Por ejemplo, íbamos a visitar a mi familia durante la temporada navideña pasada, pero todos estaban enfermos de gripe. Jai no quiso exponernos a mí ni a los niños a la eventualidad de un contagio. Yo opinaba que debíamos hacer ese viaje; después de todo, yo ya no tendría muchas más oportunidades para estar con mi familia.

—Mantendremos nuestras distancias —le dije—. Estaremos bien.

Jai supo que necesitaba datos, de manera que llamó a una amiga suya, quien es enfermera. También llamó a dos médicos, quienes viven en nuestra misma calle, para conocer sus opiniones profesionales. Ellos dijeron que no sería muy inteligente llevar a los niños.

—Conseguí la opinión imparcial de terceras personas que son autoridades médicas, Randy —me dijo—. Aquí está su respuesta.

Con los datos frente a mí tuve que ceder: hice un viaje rápido para visitar a mi familia y Jai se quedó en casa con los niños. (No me enfermé de gripe.)

Sé lo que piensan: es probable que no siempre sea fácil vivir con científicos como yo.

Jai lo ha logrado por medio de la franqueza. En las ocasiones en que me he salido del carril, ella me lo hace saber o me hace una advertencia:

—Algo me molesta, pero no sé lo que es. Cuando lo descubra, te lo diré.

Al mismo tiempo, y debido a mi diagnóstico, Jai dice que ha aprendido a dejar pasar algunas pequeñas cosas. Ésa fue una sugerencia de nuestra consejera matrimonial, la doctora Reiss, quien tiene talento para ayudar a la gente a recalibrar su vida hogareña cuando uno de los esposos padece una enfermedad terminal. Los matrimonios como el nuestro tienen que encontrar la manera de establecer "una nueva vida normal".

Soy muy desordenado. Mis prendas de ropa, las limpias y las sucias, están regadas por todo el dormitorio, y el desagüe de mi baño está atascado. Todo eso vuelve loca a Jai. Antes de que cayera enfermo, ella se quejaba, pero la doctora Reiss le ha aconsejado que no permita que las pequeñas cosas nos afecten.

Como es obvio, debo ser más ordenado. Le debo a Jai muchas disculpas. Pero ella ha dejado de señalarme las pequeñas cosas que la desquician. ¿De verdad queremos invertir los últimos meses juntos en pelear porque no colgué mis pantalones? No. De manera que ahora Jai patea mis prendas de ropa hacia las esquinas y continúa con sus actividades.

Uno de nuestros amigos sugirió que Jai escribiera un diario y Jai dice que le ha dado resultados excelentes. Ella escribe en el diario las cosas que la desquician de mí. "Randy no puso sus platos en la lavadora anoche", escribió en una ocasión. "Sólo los dejó sobre la mesa y se dirigió a su computadora." Ella sabía que yo estaba preocupado y que navegué en Internet para investigar acerca de posibles tratamientos médicos. Sin embargo, los platos sobre la mesa le molestaron. No puedo culparla. Así que ella escribió al respecto, se sintió mejor y, una vez más, no tuvimos que enfrascarnos en una discusión.

Jai intenta concentrarse en un día a la vez en lugar de obsesionarse con las cosas negativas que se quedan en el camino.

—No nos ayuda en nada vivir cada día con terror al mañana —dice.

Sin embargo, la víspera pasada de Año Nuevo fue muy emotiva y agridulce en nuestro hogar. Era el sexto cumpleaños de Dylan, de modo que hicimos una fiesta. También nos sentimos agradecidos porque logré llegar al nuevo año, pero no pudimos enfrentarnos a una conversación acerca del elefante en la sala: las futuras vísperas de Año Nuevo sin mí.

Ese día llevé a Dylan a ver una película, *Mr. Magorium's Wonder Emporium*, acerca de un fabricante de juguetes. Yo ya había leído en la red una descripción de la película, pero en ella no se mencionaba que Mr. Magorium había decidido que ya era tiempo de morir y que legaría su fábrica a uno de sus aprendices. Ahí estaba yo en el cine, con Dylan sentado sobre mis piernas, y él lloraba porque Mr. Magorium se moría. (Dylan todavía no sabe sobre mi diagnóstico.) Si mi vida fuera una película, esa escena de Dylan y yo hubiera sido reprobada por los críticos por tratarse de un anuncio exagerado del futuro. No obstante, hubo una frase de la película que aún permanece en mi mente: el aprendiz (Natalie Portman) le dice al fabricante de juguetes (Dustin Hoffman) que no puede morir y que tiene que vivir. Y él responde:

—Eso ya lo hice.

Más tarde, aquella misma noche, mientras el Año Nuevo se aproximaba, Jai se percató de que yo estaba deprimido. Para animarme, ella reflexionó sobre el año que estaba a punto de terminar y destacó algunas de las cosas maravillosas que habían ocurrido. Habíamos tomado unas vacaciones románticas, sólo nosotros dos, que no hubiéramos hecho si el cáncer no nos hubiera ofrecido un recordatorio acerca de lo precioso que es el tiempo. Habíamos visto crecer a nuestros hijos y nuestra casa estaba llena de energía hermosa y de mucho amor.

Jai me juró que seguiría allí para mí y para los niños.

—Tengo cuatro excelentes razones para aguantar y seguir adelante. Y así lo haré —prometió.

También me dijo que una de las cosas que más disfrutaba durante el día era verme interactuar con los niños. Ella dice que mi rostro se ilumina cuando Chloe me habla. (Chloe tiene año y medio de edad y ya emplea oraciones de cuatro palabras para hablar.)

En Navidad convertí la actividad de colocar las luces del árbol en una aventura. En lugar de enseñarle a Dylan y a Logan la manera apropiada de hacerlo; es decir, con cuidado y atención, permití que lo hicieran al azar. Como ellos quisieran colocar las luces en el árbol era correcto para mí. Grabamos un video con la caótica escena y Jai dice que fue un "momento mágico" que se convertirá en uno de sus favoritos de nuestra familia reunida.

*   *   *

Jai ha consultado diversos sitios *web* para pacientes con cáncer y sus familiares. Ha encontrado información útil en ellos, pero no puede permanecer allí durante mucho tiempo.

—Muchos de los comentarios comienzan con "la lucha de Bob ha terminado". "La lucha de Jim ha terminado." No creo que resulte de mucha ayuda leer eso —dice.

Sin embargo, uno de los comentarios que leyó la puso en acción. Fue escrito por una mujer cuyo esposo padecía cáncer pancreático. Habían planeado tomar unas vacaciones familiares, pero pospusieron el plan. Él murió antes de que pudieran programarlo de nuevo. "Haz esos viajes que siempre quisiste hacer", recomendaba la mujer a los demás visitantes de la página. "Vive cada momento." Jai jura cumplir con ello.

También ha logrado conocer a algunas personas de la localidad quienes también dispensan cuidados a sus parejas con enfermedades terminales, y le ha resultado útil hablar con ellas. Cuando necesita quejarse de mi conducta o liberarse de la presión bajo la cual se encuentra, esas conversaciones han sido un excelente desahogo para ella.

Al mismo tiempo, ella intenta concentrarse en nuestros momentos más felices. Cuando yo la cortejaba le enviaba flores una vez por semana. Colgaba animales de peluche en su oficina. Con frecuencia exageraba y, cuando ella no se sentía asustada, ¡lo disfrutaba! A últimas fechas, según dice, ha rescatado los recuerdos de Randy el Romántico, lo cual la hace sonreír y le ayuda a superar sus momentos tristes.

Jai, por cierto, ha vivido gran parte de sus sueños infantiles. Ella quería tener un caballo. (Eso nunca ha sucedido, pero ha practicado bastante la equitación.) Ella quería ir a Francia. (Eso sí ocurrió; vivió en Francia durante un verano cuando cursaba sus estudios universitarios.) Y lo más importante de todo es que, cuando era niña, soñaba con tener hijos propios algún día.

Desearía contar con más tiempo para ayudarle a realizar otros sueños.

Pero nuestros hijos son un sueño cumplido espectacular, y ambos encontramos gran solaz en ello.

Cuando Jai y yo hablamos acerca de las lecciones que ha aprendido de nuestro viaje, ella habla sobre cómo hemos encontrado la fuerza al permanecer juntos, hombro con hombro. Ella dice que está agradecida de que podamos hablar de corazón a corazón. Después me dice que mis prendas de ropa están regadas por toda la habitación y que eso le molesta mucho, pero que intenta ser condescendiente en consideración a las circunstancias. Lo sé: antes de que comience a garrapatear en su diario, le debo la promesa de arreglar mi desorden. Haré un mejor esfuerzo. Es uno de mis propósitos de Año Nuevo.

22

La verdad te hará libre

Hace poco, un policía me pidió que orillara el auto por conducir a exceso de velocidad, no muy lejos de mi nuevo hogar en Virginia. No había puesto atención y el indicador de velocidad estaba varios kilómetros por encima del límite.

—¿Puede mostrarme su licencia de manejo y su registro? —me pidió el oficial de policía.

Saqué ambos documentos y se los entregué. Él leyó mi dirección en Pittsburgh en mi licencia de manejo de Pennsylvania.

—¿Y qué hace usted aquí? —preguntó—. ¿Forma parte del ejército?

—No, no formo parte del ejército —respondí.

Le expliqué que me había mudado poco tiempo atrás y que no había tenido tiempo de hacer el trámite correspondiente de nuevo.

—¿Entonces qué lo trajo aquí?

Él me hizo una pregunta directa. Sin pensarlo dos veces, le di una respuesta que también era directa.

—Bueno, oficial —le dije—, ya que usted me lo pregunta, tengo cáncer en etapa terminal. Me restan unos cuantos meses de vida. Nos mudamos aquí para estar cerca de la familia de mi esposa.

El oficial movió la cabeza de lado a lado y me observó.

—Así que usted tiene cáncer —dijo, sin inflexiones en la voz.

Creo que intentaba descubrir mis intenciones. ¿En verdad estaba a punto de morir? ¿Era mentira? Me miró con detenimiento durante algunos segundos.

—¿Sabe usted?, para ser un tipo a quien le restan unos cuantos meses de vida, en verdad luce muy bien.

Era evidente que él pensaba: "O este sujeto me dijo puras patrañas o es la verdad. Y no tengo manera de saberlo". Éste no era un encuentro sencillo para él porque intentaba hacer algo que es casi imposible: intentaba cuestionar mi integridad sin acusarme de ser mentiroso de manera directa. Así fue como me obligó a demostrar que yo era honesto. ¿De qué otra manera podría hacerlo?

—Bien, oficial, estoy consciente de que mi aspecto es saludable. En verdad es irónico. Mi exterior luce estupendo, pero los tumores están adentro.

Entonces, no supe qué se apoderó de mí, sólo lo hice: me levanté la camisa para mostrarle mis cicatrices quirúrgicas.

El oficial miró mis cicatrices y después me miró a los ojos. Pude verlo en la expresión de su rostro: él supo que hablaba con un moribundo. Si por alguna casualidad yo era el hombre más desvergonzado con quien él se hubiera topado, ya no podía soportarlo más, así que me devolvió mis documentos.

—Hágame un favor —me dijo—. Conduzca más despacio de ahora en adelante.

La horrible verdad me había liberado. Mientras él se apresuraba a volver a su patrulla, tuve una revelación: nunca había sido una de esas rubias despampanantes que podían agitar sus largas pestañas para evitar pagar una multa, pero conduje a casa dentro de los límites de velocidad mientras sonreía como una reina de belleza.

IV

PERMITE LA REALIZACIÓN
DE LOS SUEÑOS DE OTRAS PERSONAS

23

Estoy en mi luna de miel, pero si me necesitas...

Jai me mandó a comprar víveres el otro día. Después de que encontré todo lo que estaba escrito en la lista, me imaginé que podría salir de la tienda más pronto si utilizaba el pasillo de cobro automático. Deslicé mi tarjeta de crédito en la máquina, seguí las instrucciones y registré mis compras. La máquina emitió algunos sonidos y pitidos y después me informó que yo debía 16.55 dólares, pero no imprimió ningún recibo, así que deslicé una vez más mi tarjeta de crédito y comencé de nuevo.

Pronto se habían impreso dos recibos: la máquina me había cobrado el doble.

En ese momento tuve que tomar una decisión. Pude haber localizado al gerente, quien hubiera escuchado mi relato, hubiera llenado un formato y se hubiera llevado mi tarjeta de crédito a su oficina para cancelar uno de los cargos de 16.55 dólares. Todo el tedioso trámite se hubiera extendido diez o quince minutos más y no hubiera resultado divertido para mí en lo absoluto.

Dado que el camino que me restaba era muy corto, ¿en verdad quería perder esos preciosos minutos en obtener dicho reembolso? No quería. ¿Podía pagar los 16.55 dólares adicionales? Sí podía. Así que salí de la tienda, más feliz por contar con quince minutos que con 16.55 dólares.

Durante toda mi vida he estado consciente de que el tiempo es finito. Admito que soy lógico hasta la exageración acerca de muchos temas, pero creo con firmeza que una de mis fijaciones más positivas ha sido administrar bien mi tiempo. He insistido en la administración del tiempo con mis alumnos, he impartido lecciones al respecto y, gracias a que me he vuelto muy diestro en ello, en verdad creo que fui capaz de empacar suficiente vida en la recortada expectativa que me habían dado.

Aquí está lo que sé:

El tiempo debe ser administrado de manera explícita, como el dinero. Con frecuencia, mis estudiantes giraban la mirada hacia el techo ante lo que ellos llamaban los "pauschismos", pero yo me mantenía firme. Cuando urgía a mis alumnos a no invertir tiempo en los detalles irrelevantes, solía decirles:

—No importa lo bien que pulas la parte inferior de una baranda.

Siempre puedes cambiar de plan, pero sólo si cuentas con uno. Soy un firme creyente en las listas de tareas. Nos permiten dividir la vida en pasos pequeños. Una vez escribí "obtener el cargo de profesor titular" en mi lista de tareas. Eso fue ingenuo. Las listas más útiles son aquellas que dividen las tareas en pasos pequeños. Es como cuando le pido a Logan que limpie su habitación y que recoja una cosa a la vez.

Pregúntate: ¿inviertes tu tiempo en las actividades adecuadas? Tal vez tengas causas, metas, intereses. ¿Vale la pena perseguirlos? Durante mucho tiempo conservé un recorte de un periódico de Roanoke, Virginia. Se trataba de la fotografía de una mujer embarazada que había organizado una protesta en contra de un sitio local en construcción. A esta mujer le preocupaba que el ruido de las excavadoras le hiciera daño a su bebé. Pero considera lo siguiente: en la fotografía, la mujer sostiene un cigarrillo. Si en verdad le preocupara su hijo no nacido, el tiempo que invertía en quejarse del ruido de las excavadoras estaría mejor empleado si se deshiciera de ese cigarrillo.

Desarrolla un sistema eficiente de archivo. Cuando le dije a Jai que quería destinar un espacio de la casa en donde pudiéramos archivar todos los documentos en orden alfabético, ella respondió que yo sonaba demasiado compulsivo para su gusto. Le dije:

—Archivar en orden alfabético es mucho mejor que correr por todas partes diciendo: "Sé que era azul y que yo comía algo cuando lo tenía en las manos".

Piensa dos veces acerca del teléfono. Vivo en una cultura en la cual paso demasiado tiempo en espera mientras escucho: "Su llamada es muy importante para nosotros". Sí, cómo no. Es como si un sujeto le diera una bofetada a una chica en su primera cita y le dijera:

—En verdad te amo.

No obstante, así es como trabaja nuestro moderno servicio a clientes y yo estoy en contra de ello. En cambio, me aseguro de nunca estar en espera con el teléfono contra la oreja. Siempre utilizo un teléfono con altavoz de manera que mis manos estén libres y pueda ocuparme de otras cosas.

También he acumulado técnicas para acortar las llamadas telefónicas innecesarias. Si estoy sentado mientras hablo por teléfono, nunca subo los pies al escritorio. De hecho, es mejor incorporarte cuando hables por teléfono. Así tienes mayor capacidad para apresurar la llamada. También me gusta ponerme a la vista cosas que deseo hacer, sobre mi escritorio, para así poder abreviar la conversación con la persona que llama.

Con el paso de los años he recolectado otros consejos telefónicos. ¿Quieres despachar pronto a los ejecutivos de telemercadeo? Cuelga mientras tú hables y ellos escuchen. De esta manera, ellos asumirán que tu conexión telefónica tuvo algún problema y continuarán con la siguiente llamada. ¿Quieres mantener una breve charla telefónica con alguien? Llámale a las 11:55 de la mañana, justo antes del almuerzo. Esa persona hablará deprisa. Tal vez pienses que eres interesante, pero no eres más interesante que el almuerzo.

Delega. Como profesor aprendí muy pronto que podía confiar a esos brillantes alumnos de 19 años de edad las llaves de mi reino, y la mayoría de las veces fueron responsables y sorprendentes. Nunca es demasiado pronto para delegar. Mi hija, Chloe, tiene sólo año y medio de edad, pero dos de mis fotografías favoritas son de ella conmigo. En la primera, yo le doy el biberón. En la segunda, ya delegué la tarea en ella. La pequeña parece satisfecha y yo también.

Tómate un tiempo libre. No son vacaciones verdaderas si lees tus mensajes de correo electrónico o si llamas a tu oficina para preguntar si tienes recados. Cuando Jai y yo nos fuimos de luna de miel queríamos estar a solas. Sin embargo, mi jefe sintió la necesidad de que yo dejara un medio para que la gente se comunicara conmigo, así que lo resolví con el mensaje telefónico perfecto: "Hola, soy Randy. Esperé hasta los 39 años de edad para casarme, así que mi esposa y yo estaremos de viaje durante un mes. Espero que tú no tengas problema con ello, pero mi jefe sí lo tiene. Tal parece que tengo que estar disponible". Después proporcionaba los nombres de los padres de Jai y la ciudad en donde viven. "Si llamas al número de asistencia telefónica, podrás obtener su número de teléfono. Después, si logras convencer a mis nuevos parientes políticos de que tu emergencia merece interrumpir la luna de miel de su única hija, ellos te darán el teléfono de donde nos encontramos."

No recibieron ninguna llamada.

Algunos de mis consejos sobre administración del tiempo son muy serios y otros casi parecen una burla, pero creo que vale la pena considerarlos.

El tiempo es todo lo que tienes, y puede suceder que un día te des cuenta de que tienes menos del que creías.

24

Un cretino en recuperación

Es un cliché aceptado en el ámbito de la educación que la meta número uno de los profesores es enseñar a los alumnos a aprender.

Siempre me ha parecido valioso, eso es seguro. Pero en mi mente, una mejor meta número uno es ésta: yo quería enseñar a los alumnos a aprender a juzgarse a sí mismos.

¿Reconocían ellos sus verdaderas habilidades? ¿Tenían noción de sus defectos? ¿Eran realistas acerca de cómo los percibían las demás personas?

A fin de cuentas, los educadores sirven mejor a los estudiantes cuando los ayudan a ser más autorreflexivos. La única manera en que cada uno de nosotros puede mejorar, tal como me enseñó el entrenador Graham, es si desarrolla una verdadera habilidad para evaluarse a sí mismo. Si no podemos hacer eso de forma adecuada, ¿cómo podremos saber si mejoramos o empeoramos?

Algunas personas de la vieja escuela se quejan de que en estos días la educación superior con frecuencia siente como que todo se resume al servicio a clientes. Los estudiantes y sus padres creen que pagan muchos dólares a cambio de un producto, de manera que ellos quieren que sea valioso en una medida mesurable. Es como si llegaran a una tienda departamental y, en lugar de comprar cinco pares de pantalones de mezclilla de diseñador, hubieran comprado un curso de cinco materias.

No rechazo por completo el modelo del servicio a clientes, pero creo que es importante emplear la metáfora industrial apropiada. No es menudeo. En cambio, yo comparo la educación universitaria con el hecho de pagar a un entrenador personal en un club de atletismo. Los profesores desempeñamos el papel de los entrenadores, damos acceso a la gente al equipo (libros, laboratorios, nuestra experiencia) y, después de ello, es nuestro trabajo ser exigentes. Necesitamos asegurarnos de que nuestros alumnos se ejerciten. Necesitamos alabarlos cuando lo merecen y decirles con honestidad cuando sabemos que en ellos radica la facultad para trabajar con mayor empeño.

Lo más importante es que necesitamos hacerles saber cómo juzgar por sí mismos su desempeño. Lo mejor de ejercitarse en un gimnasio es que inviertes un gran esfuerzo y después obtienes resultados evidentes. Eso mismo debería ser cierto en la universidad. El trabajo de un profesor es enseñar a los alumnos a ver crecer sus mentes de la misma manera que pueden ver crecer sus músculos cuando se miran al espejo.

Para alcanzar ese fin me he esforzado por diseñar métodos mecánicos para que la gente escuche la retroalimentación. Con frecuencia ayudé a mis alumnos a desarrollar sus propios mensajes de retroalimentación. Lograr que la gente la acepte fue la tarea más difícil a la que siempre me enfrenté como educador. (Tampoco me ha resultado sencillo en mi vida personal.) Me entristece que muchos padres y educadores se hayan dado por vencidos en ello. Cuando hablan acerca de la autoestima, con frecuencia prefieren una postura tibia y vacía, en lugar de la honestidad que construye el carácter. He escuchado que mucha gente habla acerca de una espiral descendente en nuestro sistema educativo, y creo que uno de los factores fundamentales es que hay demasiados golpes y muy poca retroalimentación verdadera.

Cuando impartí la materia de "construcción de mundos virtuales" en la Universidad Carnegie Mellon practicábamos la retroalimentación entre compañeros cada dos semanas. Ésta era una clase colaborativa por completo y los estudiantes trabajaban en equipos de cuatro integrantes en proyectos de realidad virtual computarizada. Los muchachos dependían unos de otros y eso se reflejó en sus calificaciones.

Juntos anotábamos todas las retroalimentaciones y estructurábamos una gráfica. Al final del semestre, después de que cada estudiante había colaborado en cinco proyectos con tres diferentes compañeros de equipo para cada uno de ellos, cada uno tenía quince anotaciones. Ésa era una manera pragmática, estadística y válida para que se observaran a sí mismos.

También elaboré gráficas de barras de colores en las cuales los estudiantes podían ver un rango de medidas simples, como:

1. ¿Pensaron sus compañeros que el alumno trabajó con empeño? ¿Cuántas horas creen sus compañeros que el alumno dedicó a un proyecto?
2. ¿Cuán creativa fue su contribución?
3. ¿Resultó fácil o difícil para sus compañeros trabajar con el alumno? ¿Es un buen trabajador en equipo?

Como siempre señalé, en especial para el número 3, lo que los compañeros pensaran es, por definición, una evaluación precisa de qué tan sencillo era trabajar con el alumno.

Las gráficas de barras multicolores eran muy específicas. Todos los estudiantes sabían en dónde se encontraban en relación con sus compañeros de estudio.

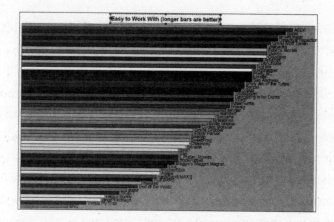

Las gráficas de barras iban acompañadas de más retroalimentación de los compañeros de trabajo en formato libre, la cual, en esencia, consistía en sugerencias específicas para mejorar, como "permite que las demás personas terminen las frases cuando hablen".

Mi esperanza era que mis alumnos analizaran esa información y dijeran: "¡Guau, tengo que esforzarme más!". No era fácil ignorar la retroalimentación, pero algunos lo lograban.

En uno de los cursos que impartí hice que los alumnos se evaluaran unos a otros de la misma manera, pero sólo les permití saber el rango al cual pertenecían. Recuerdo una conversación que tuve con un estudiante a quien los demás encontraban odioso de manera particular. Era muy inteligente, pero su demasiado buena opinión de sí mismo le hacía ignorar cómo se comportaba hacia el exterior. El muchacho observó que sus calificaciones correspondían al rango más bajo de la gráfica, pero permaneció imperturbable.

Él se imaginó que, como estaba ubicado en el rango del 25 por ciento inferior, debía estar en el nivel del 24 o 25 por ciento (en lugar de, digamos, cinco por ciento). De manera que, en su mente, él se ubicaba casi en el siguiente rango superior. Debido a esta idea, concluyó que "no estaba lejos del 50 por ciento", lo cual significaba que sus compañeros pensaban que estaba bien.

—Estoy muy contento de contar con esta gráfica —le dije—, porque creo que es importante que te proporcione información específica. No sólo te encuentras en el rango del 25 por ciento inferior. De los cincuenta alumnos de la clase, tus compañeros te dieron la calificación más baja. Tú eres el número cincuenta y tienes un problema serio. Ellos dicen que tú no escuchas y que es difícil convivir contigo. Esto no marcha bien.

El estudiante quedó impactado (siempre les sucede lo mismo). Él había llegado a sus conclusiones racionalizadas y ahora yo le proporcionaba la información real.

Después le conté la verdad acerca de mí.

—Yo solía ser como tú —le dije—. Me encontraba en estado de negación. Pero tuve un profesor que me demostró que se preocupaba por mí y lo hizo cuando azotó la verdad en mi cabeza. Y esto es lo que me hace especial: yo lo escuché.

Los ojos del estudiante se desorbitaron.

—Lo admito —le dije—. Soy un cretino en recuperación, lo cual me convierte en autoridad moral para decirte que tú también puedes ser un cretino en recuperación.

Durante el resto del semestre, este estudiante se observó con detenimiento a sí mismo. Mejoró mucho. Yo le había hecho un favor, justo como Andy van Dam lo había hecho conmigo varios años atrás.

25

Entrenar a un *jedi*

Es muy emocionante satisfacer tus sueños infantiles pero, a medida que creces, puedes descubrir que facilitar el cumplimiento de los sueños de otras personas es incluso más divertido.

Cuando impartía clases en la Universidad de Virginia en 1993, un artista convertido en mago de los gráficos computarizados de 22 años de edad, llamado Tommy Burnett, deseaba trabajar en mi equipo de investigación. Después de que charlamos acerca de su vida y sus metas, de pronto dijo:

—¡Oh!, y siempre he tenido un sueño de infancia.

Por lo regular, cualquier persona que emplee las palabras "infancia" y "sueño" en la misma frase cautiva mi atención.

—¿Y cuál es tu sueño, Tommy? —le pregunté.

—Quiero trabajar en la siguiente película de *La guerra de las galaxias* —respondió.

Recuerda que estábamos en 1993. La última película de *La guerra de las galaxias* había sido producida en 1983 y no existían todavía planes concretos para producir más. Le expliqué eso a Tommy.

—Es complicado tener un sueño como ése porque será difícil ver que se cumpla —le dije—. En realidad se dice que ya terminaron de producir películas de *La guerra de las galaxias*.

—No —respondió—, van a hacer más y, cuando así sea, trabajaré con ellos. Ése es mi plan.

Tommy tenía seis años de edad cuando salió la primera película de *La guerra de las galaxias*, en 1977.

—Otros chicos querían ser Hans Solo —me dijo—. Yo no. Yo quería ser el tipo que hizo los efectos especiales, las naves espaciales, los planetas, los robots.

Él me contó que, cuando era niño, leyó los artículos más técnicos acerca de *La guerra de las galaxias* que pudo encontrar. Tenía todos los libros que explicaban cómo se construyeron los modelos y cómo se lograron los efectos especiales.

Mientras Tommy hablaba, recordé de súbito mi visita a Disneylandia en mi infancia y cómo sentí esa urgencia visceral por crecer y crear ese tipo de atracciones. Me imaginé que el sueño de Tommy nunca se convertiría en realidad, pero le serviría mucho de alguna forma. Yo podía emplear a un soñador como aquél, pues sabía que, tal con mis deseos de formar parte de la NFL, incluso si no los alcanzaba le servirían mucho, así que le pedí que se integrara a nuestro equipo de investigación.

Tommy dirá que yo fui un jefe severo. Según lo que ahora recuerda, le exigí mucho y tenía expectativas muy altas de él, pero también sabía que yo tomaba a pecho sus más altos intereses. Él me compara con un exigente entrenador de futbol. (Supongo que, en eso, yo canalizaba al entrenador Graham.) Tommy también dice que no sólo aprendió de mí la técnica de programación de la realidad virtual, sino el hecho de que los colegas de trabajo necesitan convertirse en una especie de familia. Él recuerda que le dije:

—Sé que eres listo. Pero todos aquí lo son. Ser listo no es suficiente. El tipo de personas que quiero en mi equipo de investigación son aquellas que ayudarán a que todos los demás se sientan felices de estar aquí.

Tommy terminó por convertirse justo en ese tipo de jugador de equipo. Después de que obtuve el puesto de profesor titular, llevé a Tommy y a otros miembros de mi equipo de investigación a Disneylandia como una manera de agradecerles.

Cuando me cambié a la Universidad Carnegie Mellon, todos los miembros de mi equipo de la Universidad de Virginia vinieron conmigo; todos, excepto Tommy. Él no pudo mudarse. ¿Por qué? Porque lo había contratado la empresa del productor y director George Lucas, Industrial Light & Magic. Es importante hacer notar que no lo contrataron a causa de su sueño. Lo contrataron por sus habilidades. En ese tiempo durante el cual perteneció a nuestro equipo se había convertido en un extraordinario programador en lenguaje *Python*, el cual, por suerte, fue el lenguaje elegido por la empresa. De hecho, la suerte es donde se encuentran la preparación y la oportunidad.

No es difícil suponer a dónde llega esta historia. Se producirían tres nuevas películas de *La guerra de las galaxias*, en los años 1999, 2002 y 2005, y Tommy logró trabajar en todas ellas.

En la película *La guerra de las galaxias, episodio II: el ataque de los clones*, Tommy fue director técnico. Había una increíble escena de quince minutos de batalla entre clones y androides en el planeta rojo rocoso, y Tommy fue quien lo planeó todo. Él y su equipo utilizaron fotografías del desierto de Utah para crear un panorama virtual para la batalla. ¡Ni hablemos de empleos geniales! Tommy tenía uno que le permitía pasar cada día en otro planeta.

Pocos años después, tuvo la amabilidad suficiente para recibirnos a mí y a mi equipo en una visita a la empresa Industrial Light & Magic. Mi colega Don Marinelli había iniciado la grandiosa tradición de llevarse a los estudiantes a un viaje hacia el Oeste cada año, de manera que ellos pudieran estar en empresas de entretenimiento y tecnología avanzada que les proporcionara una idea real del mundo de los gráficos computarizados. Para entonces, un tipo como Tommy era una especie de dios para los estudiantes, pues él vivía los sueños de ellos.

Tommy se sentó en un estrado, junto con otros ex alumnos míos, y mis estudiantes les hicieron preguntas. Este grupo de estudiantes en particular aún se sentía inseguro sobre qué esperar de mí. Yo me comportaba tal como era: un maestro severo con altas expectativas y comportamientos un tanto extraños, y mis alumnos todavía no llegaban al punto de apreciar esas características. En ese sentido soy una especie de gusto adquirido y, después de apenas un semestre, resultaba evidente que algunos de ellos aún mostraban cierta cautela hacia mí.

La discusión giró en torno de la dificultad para conseguir una primera oportunidad en el negocio del cine y alguien quiso saber acerca del papel de la suerte. Tommy se ofreció para responder esa pregunta.

—Sí hace falta mucha suerte —dijo—. Pero todos ustedes ya son afortunados. El hecho de poder trabajar con Randy y aprender de él es una especie de suerte en sí misma. Yo no estaría aquí si no hubiera sido por Randy.

Soy un tipo que ha estado en la gravedad cero, pero ese día floté mucho más alto. Me sentí muy agradecido de que Tommy sintiera que yo había contribuido al logro de sus sueños. Pero lo más especial fue que él devolvió el favor al hacer posibles los sueños de mis estudiantes actuales (y ayudarme a mí en el proceso). Ese momento resultó ser un punto determinante en mi relación con ese grupo, porque Tommy había hecho el legado.

26

Quedé impresionado

La gente que me conoce dice que soy un maniático de la eficiencia. Como es obvio, esa gente dio en el blanco. Siempre prefiero hacer dos cosas útiles a la vez, o mejor aún, tres. Ésa es la razón por la cual, a medida que progresaba mi carrera docente, comencé a ponderar esta pregunta:

Si podía ayudar a cada uno de mis estudiantes, de manera individual, mientras trabajaban para alcanzar sus sueños infantiles, ¿existía alguna manera de hacerlo a gran escala?

Encontré esa gran escala después de llegar a la Universidad Carnegie Mellon en 1997 como profesor asociado en ciencias computacionales. Mi especialidad era "la interacción humano-computadora", y diseñé un curso llamado "construir mundos virtuales", o CMV para abreviar.

La premisa no estaba muy lejos de la idea de Mickey Rooney y Judy Garland de "crear un espectáculo", sólo que ésta había sido actualizada a la era de los gráficos computarizados, la animación en tercera dimensión y la construcción de lo que nosotros llamábamos "mundos de inmersión interactiva de realidad virtual" (basada en el uso de cascos).

Abrí el curso con cincuenta estudiantes no graduados de diferentes departamentos de la universidad. Teníamos actores, maestros de inglés y escultores mezclados con ingenieros, maestros de matemáticas y genios de la computación. Aquéllos eran estudiantes cuyos caminos tal vez nunca hubieran tenido razones para encontrarse, dado lo autónomas que podían ser las distintas disciplinas en la Universidad Carnegie Mellon. Pero logramos que esos chicos se convirtieran en compañeros entre sí, a pesar de sus diferencias, y los obligamos a hacer juntos lo que no podían lograr solos.

Cada equipo estaba formado por cuatro miembros, elegidos al azar, y permanecían juntos a lo largo de proyectos que duraban dos semanas. Yo sólo les indicaba: "Construyan un mundo virtual" y ellos programaban algo, soñaban con algo, lo mostraban a los demás y después yo reorganizaba los equipos. Así, cada uno de ellos conseguía tres compañeros de juegos y comenzaban de nuevo.

Sólo tenía dos reglas para sus mundos de realidad virtual: nada de violencia con armas y nada de pornografía. Formulé ese decreto porque ese tipo de cosas se han hecho millones de veces en los juegos computarizados, y yo buscaba ideas originales.

Te sorprendería descubrir cuántos chicos de 19 años de edad se quedan sin ideas cuando quitas de la mesa el sexo y la violencia. Sin embargo, cuando les pedí pensar más allá de lo obvio, la mayoría de ellos aceptó el desafío. De hecho, el primer año que impartí el curso, los estudiantes presentaron sus proyectos iniciales y yo quedé muy impresionado. Su trabajo, en términos literales, estaba más allá de mi imaginación. Mi impresión fue aún mayor porque ellos programaron en computadoras débiles, en comparación con las de los estándares de realidad virtual de Hollywood, y habían logrado esas joyas magníficas.

Yo había sido profesor durante una década en aquella época, y cuando inicié el programa CMV no sabía qué esperar. Di la primera asignación de dos semanas y terminé anonadado por los resultados. No supe qué hacer después. Me sentía tan perdido que llamé a mi mentor, Andy van Dam.

—Andy, sólo les di una asignación de dos semanas a mis alumnos y ellos produjeron cosas que, si les hubiera dado el semestre completo y ya lo hubieran terminado, a todos les hubiera puesto diez de calificación. ¿Qué debo hacer?

Andy lo pensó durante un minuto y me dijo:

—Muy bien. Esto es lo que harás. Regresa al salón de clases mañana, míralos a los ojos y diles: "Muchachos, eso estuvo muy bien, pero sé que pueden hacerlo mejor".

Su respuesta me dejó estupefacto, pero seguí su consejo y resultó ser correcto. Lo que en realidad me dijo fue que yo no conocía cuán alta estaba la barra de medición y que les ofrecería un servicio deficiente a mis alumnos si yo la ponía en cualquier lugar al azar.

Los estudiantes continuaron su perfeccionamiento y me inspiraron con sus creaciones. Muchos proyectos eran brillantes, desde aventuras en ríos rápidos de aguas blancas en las cuales el operador se encontraba dentro de la escena, paseos románticos en góndolas venecianas y hasta ninjas en patines. Algunos de mis estudiantes crearon mundos existenciales bizarros por completo, cuya población eran adorables criaturas en tercera dimensión con las cuales soñaron por primera vez cuando eran niños.

Los días de demostración, yo llegaba al salón de clases y me encontraba a mis cincuenta estudiantes y a otras cincuenta personas que yo no conocía: compañeros de habitación, amigos, padres. ¡Nunca había tenido padres de familia en mis clases! A partir de ese momento creció la bola de nieve. Al final teníamos muchedumbres tan numerosas en los días de presentación que tuvimos que mudarnos a un auditorio más grande. Sólo había espacio para que nuestro público estuviera de pie y llegamos a tener más de 400 personas que gritaban y vitoreaban sus presentaciones favoritas de realidad virtual. El presidente de la Universidad Carnegie Mellon, Jared Cohon, cierta vez me dijo que sentía como si estuviera en un *rally* en el estado de Ohio, excepto que en este caso se trataba de un asunto académico.

Yo siempre sabía cuáles proyectos serían los mejores en los días de presentación. El lenguaje corporal me lo indicaba. Si los estudiantes de un grupo en particular estaban muy juntos entre sí, yo sabía que habían creado lazos estrechos entre ellos y que el mundo virtual que habían creado sería algo que valía la pena ver.

Lo que más me encantaba de todo esto es que el trabajo en equipo era crucial para su éxito. ¿Cuán lejos llegarían esos estudiantes? No tengo idea. ¿Podrían alcanzar sus sueños? La única respuesta segura que tenía para esa pregunta fue: "En este curso no puedes hacerlo solo".

* * *

¿Existía alguna manera de elevar el nivel de lo que hacíamos?

El profesor de drama, Don Marinelli, y yo, con la bendición de la universidad, hicimos algo que se salió de la norma por completo y que era una locura absoluta. Lo llamamos, y todavía tiene ese nombre, el "centro de tecnología del entretenimiento" (ETC, por sus siglas en inglés. Sitio *web*: www.etc.cmu.edu). Pero nos gustaba pensar que en realidad era "la fábrica de cumplimiento de sueños": un programa de maestría de dos años de duración en el cual se reunían artistas y técnicos para trabajar en parques de diversiones, juegos computarizados, personajes animados (*animatronics*) y cualquier cosa con la cual los alumnos pudieran soñar.

Las universidades cuerdas nunca se acercaron a este tipo de temas, pero la Carnegie Mellon nos dio licencia explícita y abierta para romper el molde.

Nosotros dos personificábamos la mezcla entre arte y tecnología, cerebro izquierdo y cerebro derecho, el tipo del drama y el tipo de la computadora. Dado lo diferentes que éramos Don y yo, hubo ocasiones en que nos convertimos en la muralla de ladrillos del otro. No obstante, siempre encontramos la manera de hacer que las cosas funcionaran. Con frecuencia, el resultado fue que los estudiantes obtuvieron lo mejor de nuestros puntos de vista divergentes (y también es cierto que contaron con modelos reales para aprender a trabajar con personas diferentes a sí mismos). La mezcla de libertad y trabajo en equipo hacía que la sensación de estar en las instalaciones fuera eléctrica. Pronto, algunas empresas se enteraron de nosotros y comenzaron a hacer compromisos de tres años por escrito para contratar a nuestros estudiantes, lo cual significaba que prometían contratar personas que nosotros mismos todavía no habíamos admitido en la clase.

Don realizó 70 por ciento del trabajo en ETC y merece más de 70 por ciento del crédito. También creó un campus satelital en Australia y tiene planes para abrir más campus en Corea y Singapur. Cientos de estudiantes a quienes nunca conoceré, en todo el mundo, serán capaces de satisfacer sus más alocados sueños infantiles. Es una sensación maravillosa.

27

La Tierra Prometida

Es posible hacer realidad los sueños de otras personas a diferentes escalas. Puedes hacerlo de uno en uno, tal como trabajé con Tommy, el soñador de *La guerra de las galaxias*. Puedes hacerlo con cincuenta o cien personas a la vez, como lo hice en la clase de "construcción de mundos virtuales" o en ETC. Y, si tus ambiciones son mayores y cuentas con cierta medida de audacia, puedes intentar hacerlo a gran escala y realizar los sueños de millones de personas.

Me gusta pensar que ésa es la historia de *Alice*, la herramienta de enseñanza en *software* que tuve la fortuna de ayudar a desarrollar en la Universidad Carnegie Mellon. *Alice* permite a los estudiantes primerizos de computación, y a cualquier otra persona joven o mayor, crear animaciones con facilidad para contar una historia, jugar un juego interactivo o producir un video. Utiliza gráficos en tercera dimensión y técnicas de arrastrar y soltar objetos con el fin de proporcionar a los usuarios una primera experiencia en programación que sea entretenida y menos frustrante. La Universidad Carnegie Mellon ofrece *Alice* como un servicio público gratuito y más de un millón de personas lo han utilizado. Se espera que en los años venideros dicho servicio adquiera mayor relevancia.

En mi opinión, *Alice* es escalable a niveles infinitos, hasta el punto en que puedo imaginar a diez millones de niños que lo utilizan para perseguir sus sueños.

Cuando comenzamos a trabajar en *Alice*, a principios de los años noventa, me encantó el hecho de que enseña programación en computadora a través de la finta. ¿Recuerdas la finta? Es cuando enseñas algo a una persona mientras le haces creer que aprende una cosa distinta. Los estudiantes creen que utilizan *Alice* para hacer películas o juegos de video. La finta es que en realidad aprenden a convertirse en programadores de computadoras.

El sueño de Walt Disney para Disneylandia era que nunca terminara. Él quería que creciera y cambiara por siempre. Del mismo modo, me emociona que las futuras versiones de *Alice*, que ahora desarrollan mis colegas, sean mucho mejores que lo que nosotros hicimos en el pasado. Con las nuevas versiones, la gente creerá que escribe guiones cinematográficos, pero en realidad aprenderá el lenguaje de programación *Java*. Y, gracias a mi amigo Steve Seabolt, de Electronic Arts, hemos obtenido la autorización para emplear personajes del más exitoso juego de video por computadora en la historia: *The Sims*. ¿No es grandioso?

Sé que el proyecto está en excelentes manos. El diseñador líder de *Alice* es Dennis Cossgrove, quien fue mi alumno en la Universidad de Virginia. Otra ex alumna mía que se convirtió en colega es Caitlin Kelleher. Ella conoció a *Alice* en sus primeros momentos y me dijo:

—Sé que esto facilita la programación, pero ¿por qué es divertido?

Respondí:

—Bueno, soy un hombre compulsivo y me gusta hacer que unos pequeños soldados de juguete se muevan alrededor a mi voluntad, y eso es divertido.

Así que Caitlin preguntó cómo podía *Alice* ser tan divertido para las chicas y descubrió que la narración de cuentos era el secreto para mantenerlas interesadas. Para su disertación del doctorado, Caitlin construyó un sistema llamado "Narración de cuentos *Alice*".

Ahora profesora de ciencias computacionales en la Universidad de Washington en San Luis, Caitlin (ejem, quiero decir, la doctora Kelleher) desarrolla nuevos sistemas que revolucionan la manera en que las jovencitas viven su primera experiencia en programación. Ella demostró que, si se presenta como una actividad de narración de cuentos, las chicas sienten deseos de aprender cómo escribir *software*.

De hecho, les encanta. También vale la pena notar que lo anterior no excluye a los chicos. A todo el mundo le gusta narrar cuentos. Es una de las verdades universales que se refiere a nuestra especie. Por lo anterior y en mi opinión, Caitlin se merece el premio mundial de todos los tiempos a la enseñanza con finta.

En mi última lección mencioné que ahora comprendo mejor la historia de Moisés y cómo logró ver la Tierra Prometida sin jamás poner un pie en ella. Así me siento en lo que respecta a los éxitos futuros de *Alice*.

Quise que mi lección fuera un llamado a mis colegas y alumnos a continuar sin mí, y ahora confío en que lograrán grandes cosas. (Puedes seguir sus progresos en el sitio *web* www.alice.org.)

A través de *Alice*, millones de niños se divertirán mucho al tiempo que aprenden sobre un tema complicado. Desarrollarán habilidades que les ayudarán a alcanzar sus sueños. Si yo tengo que morir, me reconforta la idea de contar con *Alice* como legado profesional.

Está bien que no pueda poner pie en la Tierra Prometida. Aun así es una vista maravillosa.

V

LA CUESTIÓN ES
CÓMO VIVIR TU VIDA

Esta sección tal vez se llame "La cuestión es cómo vivir tu vida", pero en realidad es cómo he intentado vivir la mía. Creo que es mi manera de decir: Aquí está lo que a mí me funcionó.

R. P.

28

Sueña en grande

La primera vez que el hombre caminó sobre la luna fue durante el verano del año 1969, cuando yo tenía ocho años de edad. En ese momento supe que casi cualquier cosa era posible. Fue como si a todos nosotros, alrededor de todo el mundo, se nos hubiera dado el permiso de tener grandes sueños.

Yo estaba de campamento en aquel verano y, después de que el módulo lunar se posó sobre la superficie de nuestro satélite natural, nos llamaron a la casa principal de la granja en donde había un televisor. Los astronautas tardaron mucho tiempo para organizarse antes de poder descender por la escalerilla y caminar en la superficie de la luna. Yo comprendí. Tenían mucho equipo y numerosos detalles por atender. Fui paciente.

Pero las personas que estaban a cargo del campamento miraban sus relojes una y otra vez. Ya casi pasaban de las once de la noche. En un momento dado, mientras se tomaban importantes decisiones en la luna, una muy tonta se tomaba aquí en la Tierra. Ya era demasiado tarde y todos los niños fuimos enviados a dormir a nuestras tiendas de campaña.

Yo estaba furioso contra los directores del campamento. El pensamiento que estaba en mi mente era: "Mi especie ha salido de nuestro planeta y ha aterrizado en un nuevo mundo por primera vez, ¿y ustedes creen que la hora de dormir es importante?".

Pero cuando regresé a casa, semanas después, me enteré de que mi padre había tomado una fotografía de la pantalla de nuestro televisor en el segundo en que Neil Armstrong puso un pie en la luna. Había preservado ese momento para mí pues sabía que serviría como disparador de grandes sueños. Todavía conservamos esa fotografía en un álbum.

Comprendo los argumentos que dicen que los billones de dólares invertidos para colocar al hombre en la luna pudieron emplearse para combatir la pobreza y el hambre en la Tierra. Pero, mira, soy un científico que considera que la inspiración es la principal herramienta para hacer el bien.

Cuando utilizas dinero para combatir la pobreza puede ser una acción muy valiosa pero, con frecuencia, trabajarás sólo en los márgenes del problema. Cuando pones personas en la luna nos inspiras a todos a lograr el máximo del potencial humano, que es como se resolverán nuestros mayores problemas en un momento dado.

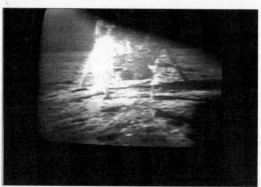

El alunizaje en nuestro televisor, cortesía de mi padre.

Date permiso de soñar. Enciende también los sueños de tus hijos. De vez en cuando, eso puede significar que les permitas permanecer despiertos después de la hora de dormir.

29

Ser constante es mejor que estar al día

Siempre prefiero a una persona constante que a una que está "al día", porque estar al día es a corto plazo. La constancia es a largo plazo.

La constancia se ha devaluado mucho. Proviene del corazón; en cambio, la persona actual intentará impresionarte con la superficie aparente.

La gente actual adora las parodias. Pero no existe tal cosa como una parodia eterna, ¿o sí? Siento mucho más respeto por el tipo constante que hace algo que durará varias generaciones que por la gente que está al día y siente que *necesita* las parodias.

Cuando pienso en alguien que es constante, me imagino a un niño explorador que trabaja con empeño y se convierte en águila explorador. Cuando entrevistaba gente para que trabajara para mí y se me presentaba un candidato que había sido águila explorador, casi siempre intentaba contratarlo. Sabía que en él tendría que haber algo de constancia que abatiera cualquier tendencia superficial hacia la actualidad.

Reflexiona al respecto. Convertirse en águila explorador es casi lo único que puedes poner en tu currículum a la edad de quince años, que lograste a los catorce y que todavía resulta impresionante. (A pesar de mis esfuerzos en aras de la constancia, nunca pude convertirme en águila explorador.)

Mi guardarropa no ha cambiado.

La moda, por cierto, es comercio disfrazado de actualidad. No me interesa la moda en absoluto, razón por la cual rara vez compro ropa. El hecho de que la moda pase de moda y que luego regrese como moda, y que el único fundamento sea que, en algún lugar, algunas personas piensen que pueden vender, bueno, para mí es una locura.

Mis padres me enseñaron lo siguiente: compra ropa nueva cuando tu ropa vieja ya no sirva. ¡Cualquier persona que haya visto lo que vestí en mi última lección sabe que ése es un consejo que he seguido a conciencia!

Mi guardarropa está muy lejos de ser actual. Mejor dicho, es un tanto constante. Me servirá bien.

30

Izar la bandera blanca

Mi madre siempre me dice "Randolph".

Ella creció en una pequeña granja lechera en Virginia durante la Gran Depresión, época durante la cual la gente se preguntaba si habría alimento suficiente para comer. Eligió "Randolph" porque sonaba como un nombre que podría pertenecer a algún sujeto de la clase alta de Virginia. Y ésa sería la razón por la cual yo lo odiaría y lo rechazaría. ¿Quién quiere un nombre como ése?

Sin embargo, mi madre se aferra a él. Durante mi adolescencia me enfrenté a ella.

—¿De verdad crees que tu derecho de nombrarme es superior a mi derecho de tener mi propia identidad?

—Sí, Randolph, así lo creo —me dijo.

Bueno, ¡al menos sabíamos dónde estábamos parados!

Para cuando comencé a asistir a la universidad, yo ya había tenido suficiente. Ella me enviaba correspondencia dirigida a "Randolph Pausch" y yo escribía en los sobres que "esa persona no se encuentra en este domicilio" y se los enviaba de regreso sin abrir.

En un gran acto de compromiso, mi madre comenzó a enviar las cartas a nombre de "R. Pausch". Ésos sí los abrí. Pero luego, cuando hablábamos por teléfono, ella retomaba la forma antigua:

—Randolph, ¿recibiste nuestra carta?

Ahora, todos estos años después, me he dado por vencido. Valoro tanto a mi madre y en aspectos tan distintos que, si ella quiere afligirme con un innecesario "olph" cada vez que está cerca, me siento más que feliz de soportarlo. La vida es demasiado corta.

Mi mamá y yo en la playa.

De alguna manera, con el paso del tiempo y con las líneas finales que la vida impone, la rendición se convierte en lo mejor por hacer.

31

Hagamos un trato

Cuando cursaba la escuela de graduados desarrollé el hábito de inclinar la silla hacia atrás con la espalda en nuestro comedor. Lo hacía cada vez que iba a casa de mis padres y mi madre me reprendía con frecuencia:

—Randolph, ¡vas a romper esa silla! —me decía.

Me gustaba inclinarme hacia atrás en la silla. Era muy cómodo y la silla parecía arreglárselas bastante bien sobre dos patas, de manera que, comida tras comida tras comida, yo me inclinaba y ella me reprendía.

Cierto día, mi madre me dijo:

—Deja de inclinarte hacia atrás en esa silla. ¡No voy a repetirlo!

Eso sí me sonó como un compromiso al cual yo podía unirme, de manera que sugerí elaborar un contrato, un acuerdo entre madre e hijo por escrito. Si yo rompía la silla, pagaría lo que fuera necesario para reemplazar no *sólo* dicha silla… sino, como una penitencia adicional, todo el mobiliario del comedor (reemplazar una silla de un comedor de treinta años de antigüedad hubiera resultado imposible). No obstante, hasta que yo no rompa una silla, no habrá sermones de mamá al respecto.

Sin duda, mi madre estaba en lo correcto: yo aplicaba demasiado peso en las patas traseras de la silla y la desequilibraba. Pero ambos decidimos que ese acuerdo era una manera de evitar discusiones. Yo reconocía mi responsabilidad en caso de que hubiera daños y ella estaba en la posición de decir: "siempre debes escuchar a tu madre" si se rompía una de las patas de la silla.

Nunca se ha roto la silla. Cada vez que visito a mi madre y que me inclino hacia atrás en la silla, el contrato sigue vigente. No cruzamos palabra al respecto aunque, de hecho, toda la dinámica ha cambiado. No diré que mi madre ha llegado al grado de *motivarme* a inclinarme hacia atrás en la silla. Sin embargo, creo que desde hace tiempo le ha echado ojo a un nuevo comedor.

32

No te quejes, sólo trabaja más duro

Demasiada gente va por la vida quejándose de sus problemas. Siempre he creído que, si empleas la décima parte de la energía que inviertes en quejarte y la aplicaras en la resolución de los problemas, te sorprendería lo bien que pueden marchar las cosas.

He conocido magníficos no-quejosos en mi vida. Uno de ellos fue Sandy Blatt, mi casero durante el tiempo que estudié en la escuela de graduados. Cuando Sandy era joven, una camioneta lo golpeó de reversa mientras él bajaba unas cajas al sótano de un edificio. Él se tropezó hacia atrás y cayó por las escaleras hasta el sótano.

—¿Cuántos metros caíste? —le pregunté.

Su respuesta fue simple:

—Los suficientes.

Sandy pasó el resto de su vida tetrapléjico.

Sandy había sido un atleta fenomenal y, en la época de su accidente, estaba próximo a casarse. Él no quiso convertirse en una carga para su prometida, de manera que le dijo:

—Tú no te comprometiste a esto. Lo entenderé si decides romper el compromiso. Puedes marcharte en paz.

Y ella así lo hizo.

Conocí a Sandy cuando él tenía treinta y tantos años de edad, y su actitud me sorprendió. Tenía esa increíble aura de no lloriqueos a su alrededor. Había trabajado con ahínco y se había convertido en consejero matrimonial certificado. Se casó y adoptó hijos. Y cuando hablaba acerca de sus asuntos médicos, lo hacía como si no tuviera importancia. En cierta ocasión me explicó que los cambios de temperatura eran difíciles para los tetrapléjicos porque no pueden temblar.

—¿Me pasarías esa cobija, Randy? —me preguntaba, y eso era todo.

Mi no-quejoso favorito de todos los tiempos debe ser Jackie Robinson, el primer afroamericano en jugar beisbol en las Ligas Mayores. Él soportó el racismo que mucha gente joven de ahora no podría imaginar. Él sabía que tenía que jugar mucho mejor que los muchachos blancos y también sabía que tenía que trabajar más duro. Así que eso fue lo que hizo. Se juró nunca quejarse, incluso si los aficionados le escupían.

Yo solía tener una fotografía de Jackie Robinson colgada en la pared de mi oficina y me entristecía que muchos estudiantes no pudieran identificarlo ni conocieran nada de su historia. Muchos incluso no pusieron atención en la fotografía. La gente joven que creció con televisión a color no se detiene mucho tiempo a mirar imágenes en blanco y negro.

Eso está muy mal. No existen mejores modelos de vida que las personas como Sandy Blatt y Jackie Robinson. La moraleja de estas historias es "quejarse no funciona como estrategia". Todos tenemos tiempo y energía finitos. Es poco probable que todo el tiempo que invirtamos en quejarnos nos ayude a alcanzar nuestras metas. Y no nos hará más felices.

33

Atiende la enfermedad, no el síntoma

Hace algunos años invité a salir a una hermosa chica que debía unos cuantos miles de dólares. Esta situación la angustiaba mucho. Cada mes se sumaban más intereses a sus deudas.

Para combatir su angustia, ella asistía a una clase de meditación y yoga todos los martes por la noche. Ésa era su única noche libre y ella decía que parecía funcionarle muy bien. Inhalaba y se imaginaba que encontraba maneras de hacer frente a sus deudas. Exhalaba y se decía que sus problemas de dinero quedarían atrás algún día.

Así lo hizo durante un tiempo, martes tras martes.

Por fin, un día analizamos su situación financiera y se me ocurrió que, si invertía cuatro o cinco meses en un empleo de medio tiempo los martes por la noche, podría pagar todo el dinero que debía.

Le dije que yo no tenía nada en contra de la meditación o del yoga, pero que sí pensaba que siempre es mejor intentar atender la enfermedad primero. Sus síntomas eran estrés y ansiedad. Su enfermedad era el dinero que debía.

—¿Por qué no consigues un empleo los martes por la noche y dejas de ir al yoga durante un tiempo? —le sugerí.

Ésta fue una especie de epifanía para ella y aceptó mi consejo. Obtuvo un empleo como anfitriona en un restaurante y pronto logró pagar sus deudas. Después de eso, ella pudo retomar sus clases de yoga y respirar con mayor facilidad.

34

No te obsesiones con lo que la gente piensa

He descubierto que una fracción importante del día de muchas personas se pierde en la preocupación de lo que los demás piensan acerca de ellas. Si nadie se preocupara nunca de lo que hay en la cabeza de la demás gente, todos seríamos 33 por ciento más eficientes en nuestras vidas y en nuestros empleos.

¿Cómo llegué a ese 33 por ciento? Soy científico. Me gustan los números exactos incluso si no puedo demostrarlos, así que tomemos por cierto ese 33 por ciento.

Yo solía decirles a las personas que trabajaban en mi equipo de investigación:

—No debes preocuparte nunca por lo que yo pienso. Bueno o malo, siempre te diré lo que hay en mi mente.

Lo anterior significaba que, cuando no me sentía contento con algo, lo decía, con frecuencia de manera directa y no siempre con tacto suficiente. No obstante, tenía la habilidad de dar seguridad a la gente:

—Si no he dicho nada, no tienes razón alguna para preocuparte.

Mis alumnos y colegas llegaban a apreciar esa peculiaridad mía y no perdían demasiado tiempo en obsesionarse con: "¿Qué está pensando Randy?". En especial porque, la mayor parte del tiempo, yo pensaba lo siguiente: cuento con gente en mi equipo que es 33 por ciento más eficiente que nadie. Eso era lo que estaba en mi mente.

35

Comiencen por sentarse juntos

Cuando tengo que trabajar con otras personas, intento imaginar que nos sentamos juntos con un mazo de barajas. Mi impulso siempre es colocar todas mis cartas sobre la mesa, abiertas, y decirle al grupo:

—Muy bien, ¿qué podemos hacer juntos con esta jugada?

Tener la capacidad de trabajar bien en grupo es una habilidad vital y necesaria tanto en el mundo laboral como en el familiar. Con el fin de enseñar lo anterior, siempre hago que mis alumnos desarrollen proyectos en equipo.

Con el paso de los años, mejorar la dinámica de grupo se convirtió en una especie de obsesión para mí. El primer día de clase de cada semestre, yo dividía a mis alumnos en alrededor de doce equipos de cuatro integrantes. Después, en el segundo día de clase, les entregaba un documento de una página que yo había escrito y que se titulaba: "Consejos para trabajar en equipo con éxito". Lo leíamos juntos, renglón por renglón. Algunos de mis alumnos sentían que mis consejos estaban muy por debajo de ellos y giraban los ojos hacia el techo. Asumían que sabían muy bien cómo jugar con otras personas: lo habían aprendido en el jardín de niños y no necesitaban mis pequeños puntos rudimentarios.

No obstante, mis alumnos más conscientes aceptaron los consejos pues se dieron cuenta de que yo intentaba enseñarles los conceptos fundamentales. Era un poco como cuando el entrenador Graham se presentaba al entrenamiento sin un balón de futbol. Entre mis consejos están los siguientes:

Conozcan a la gente de manera apropiada. Todo comienza con la presentación. Intercambien datos de contacto. Asegúrense de saber pronunciar bien todos los nombres.

Encuentren características en común. Casi siempre podrán descubrir que tienen algo en común con otras personas y, a partir de ello, es más sencillo enfrentar situaciones en las cuales existan diferencias entre ustedes. Los deportes trascienden las fronteras de la raza y la riqueza. Si no encuentran ningún otro tema, todos tenemos el clima en común.

Intenten disponer las condiciones óptimas para las reuniones. Asegúrense de que nadie esté hambriento, cansado o sienta frío. Acuerden reunirse durante una comida; los alimentos *suavizan* una reunión. Ésa es la razón por la cual la gente se reúne a almorzar en Hollywood.

Permitan que todos hablen. No terminen las frases de otras personas. Hablar más alto o más rápido no hace que su idea sea mejor.

Cuelguen los egos en la puerta. Cuando discutan ideas, etiquétenlas y escríbanlas. La etiqueta debe ser una descripción de la idea, no del autor de la misma: "la historia del puente" es mejor que "la historia de Jane".

Elógiense unos a otros. Encuentren algo agradable que decir, incluso si es un poco forzado. Las peores ideas pueden tener sus yacimientos de plata si buscan con suficiente empeño.

Estructuren las alternativas como preguntas. En lugar de "Creo que debemos hacer la opción A, no la B", intenten decir "¿Qué tal si hacemos la opción A en lugar de la B?". Esta estrategia permite que la gente ofrezca comentarios en lugar de defender una postura.

Al finalizar mi pequeña lección les decía a mis alumnos que había encontrado una buena estrategia para captar su atención.

—Es más sencillo para mí si sólo los llamo por grupo —les decía—. Grupo uno, levanten las manos... ¿Grupo dos?...

A medida que yo llamaba a cada grupo, se levantaban manos en todo el salón de clases.

—¿Alguien notó algo extraño acerca de esto? —les preguntaba.

Nadie encontraba una respuesta, así que yo volvía a llamar a los grupos.

—¿Grupo uno?... ¿Grupo dos?... ¿Grupo tres?... —en todo el salón de clases volvieron a levantarse las manos.

En algunas ocasiones tienes que recurrir a ciertas estrategias teatrales, las cuales pueden ser un tanto absurdas, para llegar hasta los estudiantes, en especial en asuntos que ellos creen conocer por completo. Así que esto era lo que hacía:

Continué con mi ejercicio de atención hasta que tuve que levantar la voz:

—¿Por qué diantres siguen sentados con sus amigos? —les preguntaba—. ¿Por qué no están sentados con los integrantes de su grupo?

Algunos sabían que mi irritación era parte de la representación, pero todos me tomaron en serio.

—Voy a salir de este salón —les decía—, y volveré dentro de sesenta segundos exactos. Cuando regrese, ¡espero encontrarlos sentados con sus grupos! ¿Está claro para todos? Yo me marchaba y escuchaba el pánico dentro del salón de clases, mientras los estudiantes recogían sus pertenencias y se reorganizaban en grupos.

Cuando regresaba les explicaba que mis consejos para trabajar en equipo no tenían la intención de insultar su inteligencia
ni su madurez. Sólo pretendía demostrar que habían hecho caso
omiso de un detalle simple: el hecho de que debían sentarse con
sus compañeros de grupo, de manera que pudieran beneficiarse al
revisar juntos el resto de los consejos básicos.

En la siguiente clase, y a lo largo de todo el semestre, mis
alumnos (quienes no eran tontos) siempre se sentaron con sus
grupos.

36

Busca lo mejor en todas las personas

Éste es un hermoso consejo que me dio Jon Snoddy, mi héroe de los creativos de Disney. Me cautivó su manera de expresarlo.

—Si esperas lo suficiente —me dijo—, la gente te sorprenderá y te impresionará.

Según su perspectiva, cuando te sientes frustrado por la gente y cuando te ha hecho enojar, tal vez se deba a que no le has dado suficiente tiempo.

Jon me advirtió que algunas veces esto significaba ser muy paciente y que incluso podía tomar varios años.

—Pero al final me decía—, la gente te demostrará su lado positivo. Casi todas las personas lo tienen. Sólo espera. Ya saldrá a la luz.

37

Observa lo que hacen, no lo que dicen

Mi hija tiene sólo año y medio de edad, así que por el momento no puedo decirle esto pero, cuando sea lo bastante mayor, quiero que Chloe sepa algo que una colega me dijo alguna vez, lo cual es un buen consejo para todas las mujeres jóvenes de cualquier parte del mundo. De hecho, palabra por palabra, es el mejor consejo que he escuchado.

Mi colega me dijo:

—Me tomó mucho tiempo, pero al fin pude hacerlo consciente. En lo que se refiere a los hombres que se interesan en ti en sentido romántico, en verdad es muy sencillo: Ignora lo que dicen y sólo presta atención a lo que hacen.

Eso es todo y aquí está, para Chloe.

Y, a medida que pienso al respecto, me parece que también resultará de utilidad para Dylan y Logan.

38

Si al primer intento no logras el éxito...

... prueba, prueba un cliché.

Me encantan los clichés. Muchos de ellos, en todo caso. Siento enorme respeto por las viejas semillas de sabiduría. Desde mi punto de vista, la razón por la cual se repiten los clichés con tanta frecuencia es porque son verdaderos en la vida real.

Los educadores no deberían sentir temor ante los clichés. ¿Sabes por qué? ¡Porque los chicos no conocen la mayoría de ellos! Los jóvenes son una nueva audiencia y los clichés los inspiran. Lo he visto una y otra vez en mi salón de clases.

Baila con quien te trajo. Éste es un cliché que mis padres siempre me dijeron, y es útil para situaciones que van más allá de la fiesta de graduación. Debería ser un mantra en el mundo de los negocios, en el académico y en casa. Es un recordatorio que se refiere a la lealtad y al aprecio.

La suerte es lo que sucede cuando la preparación se encuentra con la oportunidad. Éste es de la autoría de Séneca, el filósofo romano que nació en el año 5 a.C. Vale la pena repetirlo durante al menos dos mil años más.

Tanto si piensas que puedes como que no puedes, estás en lo correcto. Éste corresponde a mi repertorio de clichés para estudiantes de nuevo ingreso.

Además de eso, señora Lincoln, ¿cómo estuvo el juego? Les decía esta frase a mis alumnos para recordarles que no se concentraran en los pequeños detalles mientras hacían caso omiso de los importantes.

También me gustan muchos clichés de la cultura popular. No tengo inconveniente en que mis hijos vean *Superman*, no sólo porque es fuerte y puede volar, sino porque él lucha por "la verdad, la justicia y el estilo americano". *Adoro* esa frase.

Me encanta la película *Rocky*. Incluso me gusta el tema musical, y lo que más me fascina de la película original es que al personaje no le importaba ganar la pelea del final. Lo único que no quería era que lo noquearan. Ésa era su meta. Durante los momentos más dolorosos de mi tratamiento, Rocky fue una inspiración porque me recordaba lo siguiente: No se trata de con cuánta fuerza golpeas, se trata de con cuánta fuerza resistes un golpe... y continúas en movimiento.

Desde luego, de todos los clichés del mundo, los que más amo son los del futbol. Mis colegas estaban acostumbrados a verme mientras vagaba por los pasillos de la Universidad Carnegie Mellon y arrojaba un balón hacia arriba y hacia abajo frente a mí. Me ayudaba a pensar. Tal vez ellos piensen que yo creo que las metáforas del futbol tienen el mismo efecto. Pero algunos de mis alumnos, tanto varones como mujeres, tenían dificultades para ajustarse a ello. Ellos discutían algoritmos de computación y yo hablaba acerca del futbol.

—Lo lamento —les decía—, pero sería más sencillo que ustedes aprendieran los conceptos básicos del futbol a que yo apren-
diera una nueva colección de clichés para la vida.

Me gustaba que mis estudiantes anotaran un punto para
Gipper,[1] que salieran y ejecutaran, que mantuvieran vivo el impulso, que marcharan por el campo de juego, que evitaran contrarie-
dades costosas y que ganaran el juego desde las trincheras, incluso
si el lunes sufrían el dolor corporal de haberlo hecho. Mis alumnos lo sabían: no sólo se trata de perder o ganar, sino de cómo se
juega el cliché.

---

[1] Con esta frase el autor se refiere a George "Gipper" Gipp, famoso jugador
de futbol americano colegial de la Universidad de Notre Dame quien murió de
neumonía. Antes de morir, se supone que "Gipper" dijo esta frase para motivar a su equipo. Más adelante fue utilizada por Ronald Reagan, George Bush,
George W. Bush y otras importantes personalidades *(N. del T.)*.

39

Sé el primer pingüino

La experiencia es lo que obtienes cuando no logras lo que deseabas.

Ésa es una expresión que aprendí cuando tomé un periodo sabático en Electronic Arts, la empresa fabricante de juegos de video. Permaneció conmigo y la he repetido una y otra vez a mis alumnos.

Es una frase que vale la pena considerar ante cualquier muralla de ladrillos con la cual nos encontremos, y ante cada decepción. También nos ayuda a recordar que, con frecuencia, el error no sólo es aceptable sino esencial.

Cuando impartía el curso de "construcción de mundos virtuales" solía motivar a mis alumnos a fijarse metas complicadas y a no preocuparse por la posibilidad de fallar. Yo quería recompensar esa manera de pensar, así que, al finalizar cada semestre, regalaba a un equipo de estudiantes un animal de peluche: un pingüino. Se llamaba el "Premio Primer Pingüino" y lo entregaba al equipo que hubiera corrido los mayores riesgos al aplicar nuevas ideas o nueva tecnología, aunque hubieran fallado en el logro de sus metas establecidas. En esencia, se trataba de un premio al "glorioso error" y celebraba el pensamiento no convencional y el empleo de la imaginación audaz.

Los demás alumnos lograban comprender que los ganadores del "Primer Pingüino" eran perdedores que, en definitiva, alcanzarían grandes logros.

El nombre del premio provino de la noción de que, cuando los pingüinos están a punto de arrojarse al agua en donde puede haber depredadores, bueno, alguien tiene que ser el primero. En un principio lo llamé el "Premio al Mejor Error", pero el concepto "error" tiene tantas connotaciones negativas que a los estudiantes se les dificultaba aceptar la palabra en sí misma.

Con el paso de los años también he acertado en decir a mis alumnos que en la industria del entretenimiento existen incontables productos fallidos. No es como construir casas, pues cada casa que se construye puede ser habitada por alguien. Puede idearse un juego de video y nunca ser viable después de atravesar las etapas de investigación y desarrollo. También puede suceder que se lance al mercado y nadie quiera jugarlo. Sí, los creadores de juegos de video que han logrado algunos éxitos son muy bien ponderados, pero también lo son quienes han tenido errores e, incluso, a veces lo son más.

Es común que las empresas que inician prefieran contratar un director general con un comienzo fallido en sus antecedentes. Con frecuencia, la persona que falla sabe cómo evitar errores futuros. Aquella persona que sólo conoce el éxito puede olvidar o ignorar las trampas.

La experiencia es lo que obtienes cuando no lograste lo que deseabas. Y la experiencia es, con frecuencia, lo más valioso que tienes para ofrecer.

40

Cautiva la atención de la gente

Muchos de mis alumnos eran muy inteligentes; yo sabía que podían entrar al mundo laboral y crear increíbles programas de *software*, proyectos de animación y artefactos de entretenimiento. También sabía que contaban con el potencial para frustrar a millones de personas a lo largo del proceso.

Aquéllos de nosotros que somos ingenieros y científicos de la computación no siempre sabemos cómo construir cosas de manera que sean fáciles de utilizar. Muchos de nosotros somos nefastos para explicar tareas complejas de manera sencilla. ¿Alguna vez has leído el instructivo de una videocasetera? Entonces ya has vivido la frustración a la cual me refiero.

Ésa es la razón por la cual yo quería dejar impresa en mis estudiantes la importancia de pensar en los usuarios finales de sus creaciones. ¿Cómo podía yo dejar claro lo importante que es no crear tecnología que resultara frustrante? Así fue que se me ocurrió una estrategia infalible para cautivar la atención de la gente.

Cuando impartía una clase sobre interfases para usuarios en la Universidad de Virginia, llevaba una reproductora de video el primer día y la colocaba sobre un escritorio, al frente del salón de clases. Entonces, sacaba un martillo y destruía el aparato a golpes.

Después, decía:

—Cuando creamos un producto difícil de usar, la gente se enoja. Está tan enfadada que quiere destruirlo. No queremos hacer cosas que provoquen que la gente quiera destruirlas.

Los estudiantes me miraban y yo sabía que estaban sorprendidos, aturdidos y un tanto fascinados. Era excitante para ellos. Pensaban: "No sé quién es este sujeto, pero en definitiva vendré a la clase de mañana para ver cuál es su siguiente maniobra".

Estaba seguro de cautivar su atención. Ése es siempre el primer paso para resolver un problema que ignoramos. (Cuando dejé la Universidad de Virginia para marcharme a la Universidad Carnegie Mellon, mi amigo y colega, el profesor Gabe Robbins, me regaló un martillo con una placa que decía: "¡Tantas reproductoras de video, tan poco tiempo!".)

Todos mis alumnos de la Universidad de Virginia se desempeñan en el mundo laboral en la actualidad. Mientras ellos progresan en la creación de nuevas tecnologías, espero que de vez en cuando aparezca yo en su mente con ese martillo y les recuerde a las masas frustradas que claman por simplicidad.

41

El perdido arte de las notas de agradecimiento

Demostrar gratitud es una de las cosas más simples, aunque pode-rosas, que los seres humanos pueden ofrecerse unos a otros. A pesar de mi amor por la eficiencia, pienso que las notas de agradecimiento son mejores al estilo antiguo: con papel y pluma.

Los reclutadores de personal y los ejecutivos de admisiones entrevistan a muchos candidatos. Leen toneladas de currículums de estudiantes sobresalientes que han alcanzado muchos logros. Pero no ven muchas notas de agradecimiento escritas a mano.

Si eres un estudiante bueno, aunque no sobresaliente, tu nota de agradecimiento escrita a mano elevará tu nivel al menos medio punto ante los ojos de tu futuro jefe o de tu ejecutivo de admisiones. Te convertirás en sobresaliente para ellos. Y como las notas de agradecimiento escritas a mano son tan raras, ellos te recordarán.

Cuando daba este consejo a mis alumnos, mi intención no era convertirlos en maquinadores calculadores, aunque sé que algunos de ellos aceptaron el consejo en esos términos. En realidad mi consejo pretendía ayudarles a reconocer que existen acciones respetuosas y consideradas que pueden hacerse a lo largo de la vida, que serán apreciadas por quien las reciba y cuyo resultado sólo puede ser positivo.

Por ejemplo, hubo una jovencita que solicitó formar parte de nuestro equipo en ETC y estábamos a punto de rechazarla. Ella tenía

grandes sueños: quería convertirse en creativa de Disney. Sus calificaciones, sus exámenes y su portafolios de presentación eran buenos,
pero no lo suficiente dado lo selectivo que podía ser el equipo de
ETC. Antes de colocarla en la pila de los "no", decidí analizar su expediente una vez más. Al hacerlo, encontré una nota de agradecimiento
escrita a mano que se había traspapelado entre las demás páginas.

La nota no estaba dirigida a mí ni al co-director Don Marinelli ni a ningún otro miembro de la facultad. En lugar de eso, ella
la había dirigido a otro miembro del personal no facultativo que le
había ayudado a hacer los arreglos para que pudiera visitarnos. El
miembro del personal no había influido para nada en su solicitud,
de manera que no se trataba de una nota de compromiso. Sólo
eran unas cuantas palabras de agradecimiento hacia una persona
que, sin que ella lo supiera, introdujo al descuido la nota en el
expediente de aplicación. Tras algunas semanas, yo la encontré.

Después de descubrir que ella fue agradecida con alguien sólo por
el simple hecho de que es una actitud amable, me detuve a reflexionar al respecto. Ella había escrito la nota a mano, lo cual me gustó.

—Esto me dice mucho más acerca de ella que toda la información que conforma su expediente —le dije a Don.

Leí de nuevo todo el material que había presentado y pensé en
ella. Impresionado por su nota, decidí que valía la pena darle una
oportunidad y Don estuvo de acuerdo conmigo.

Ella llegó a ETC, obtuvo su grado de maestría y ahora es creativa de Disney.

Le conté esta historia y ahora ella se la cuenta a otras personas.

A pesar de todo lo que ocurre en mi vida en este momento y
con mis cuidados médicos, todavía intento escribir notas de agradecimiento a mano cuando considero que es importante hacerlo.
Es un gesto de amabilidad. Y nunca sabes qué tipo de magia puede ocurrir cuando una de ellas llega al buzón de otra persona.

42

La lealtad es una calle de dos sentidos

Cuando Dennis Cossgrove era uno de mis alumnos no graduados en la Universidad de Virginia, a principios de los años noventa, descubrí que era sensacional. Realizaba un trabajo impresionante en mi laboratorio de computación, fue asistente de enseñanza en el curso de sistemas operativos, asistía a cursos para niveles de graduados y era un estudiante sobresaliente.

Bueno, era un estudiante sobresaliente en la mayoría de las asignaturas. En Cálculo III era un mal estudiante. No era que no contara con la habilidad requerida, sino que estaba tan concentrado en sus cursos de computación, en ser asistente de enseñanza y asistente de investigación en mi laboratorio que simplemente dejó de asistir a su clase de cálculo.

Esa situación se convirtió en un serio problema, pues no era la primera vez que Dennis terminaba un semestre con calificaciones de diez y una asignatura reprobada.

Faltaban dos semanas para que comenzara un nuevo semestre cuando los resultados académicos de Dennis llamaron la atención de cierto deán. Éste sabía cuán inteligente era Dennis y había visto sus calificaciones tanto de conocimientos como de aptitudes. Desde su perspectiva, los números reprobatorios de Dennis se debían a su actitud y no a sus capacidades. El deán quería expulsar a Dennis, pero yo sabía que el muchacho nunca había recibido una advertencia al respecto. De hecho, todos sus dieces anulaban las calificaciones reprobatorias al grado de que él nunca podía ser suspendido en términos académicos. Sin embargo, el deán invocó una complicada norma que puso la posibilidad de una expulsión sobre la mesa, de manera que decidí dar la cara por mi alumno.

—Mire —le dije al deán—, Dennis es un poderoso cohete sin aletas. Él ha sido la estrella en mi laboratorio. Si le damos una patada en este momento, olvidaremos la razón por la cual nos encontramos aquí. Estamos aquí para enseñar, para nutrir. Sé que Dennis tiene un destino especial. No podemos desperdiciarlo.

El deán no estaba contento conmigo. Desde su punto de vista, yo era un joven profesor que insistía en una necedad.

Entonces insistí un poco más y diseñé una táctica. El nuevo semestre ya había comenzado y la universidad financiaba la educación de Dennis. Al hacerlo, según deduje, le decíamos a Dennis que era bienvenido de nuevo como estudiante. Si lo hubiéramos expulsado antes de que comenzara el semestre, él hubiera intentado inscribirse en otra escuela y ahora era demasiado tarde para ello.

Le pregunté al deán:

—¿Qué tal si él contrata a un abogado para rebatir su expulsión? Tal vez yo tendría que testificar a su favor. ¿Desea usted que uno de los miembros de su facultad testifique en contra de la universidad?

El deán estaba desconcertado.

—Usted es un miembro junior de la facultad —me dijo—. Ni siquiera ha obtenido aún el cargo de profesor titular. ¿Por qué se pone usted tan soberbio y por qué convierte esta circunstancia en una batalla que usted desea pelear?

—Le diré la razón —respondí—: Quiero apostar a favor de Dennis porque creo en él.

El deán me observó durante un rato.

—Recordaré esta conversación cuando se presente el caso de su titularidad —me dijo.

En otras palabras, si Dennis lo arruinaba todo de nuevo, mi juicio sería cuestionado con seriedad.

—Trato hecho —le dije al deán.

Dennis pudo permanecer en la escuela.

El muchacho aprobó Cálculo III, nos llenó de orgullo y, después de graduarse, se convirtió en estrella ganadora de premios en ciencias computacionales. Ha sido parte de mi vida y de mi laboratorio desde entonces. De hecho, él fue uno de los primeros padres del proyecto *Alice*. Como diseñador, Dennis realizó un trabajo extraordinario de programación para lograr que los sistemas de realidad virtual fueran más accesibles para los jóvenes.

Yo defendí a Dennis cuando él tenía 21 años de edad. Ahora, a la edad de 37 años, él dará la cara por mí. He confiado en él para conducir el proyecto *Alice* hacia el futuro como el científico investigador que diseñará y aplicará mi legado profesional.

Yo ayudé a que Dennis realizara su sueño hace algunos años, cuando él me necesitaba... y ahora que yo lo necesito, él hará realidad el mío.

43

La solución del viernes por la noche

Obtuve la titularidad un año antes que el resto de los profesores, según lo usual. Lo anterior pareció impresionar a otros miembros junior de la facultad.

—¡Guau, lograste la titularidad muy pronto! —me decían—. ¿Cuál es tu secreto?

Les respondí:

—Es muy sencillo. Llámame cualquier viernes a mi oficina, a las diez de la noche, y te lo diré.

(Desde luego, esto era antes de que yo tuviera una familia.)

Mucha gente desea un atajo. Yo descubrí que el mejor atajo es el camino largo, que consiste básicamente en dos palabras: trabajo duro.

En mi opinión, si trabajas más horas que cualquier otra persona, durante esas horas aprendes más sobre tu oficio y eso puede hacerte más eficiente, más hábil e incluso más feliz. El trabajo arduo es como los intereses compuestos en el banco: las recompensas crecen con mayor velocidad.

Lo anterior también es verdadero en la vida fuera del trabajo. Durante toda mi vida adulta he sentido el impulso de preguntarles a las parejas con muchos años de matrimonio cómo le hicieron para permanecer juntas. Todas ellas me respondieron lo mismo:

—Trabajamos duro para lograrlo.

44

Demuestra gratitud

Poco tiempo después de obtener el puesto de profesor titular en la Universidad de Virginia, llevé a todo mi equipo de investigación, integrado por quince personas, a Disneylandia durante una semana a manera de agradecimiento.

Un profesor colega me llevó aparte y me dijo:

—Randy, ¿cómo pudiste hacer eso?

Es probable que haya pensado que yo establecía un precedente que otros profesores a punto de obtener la titularidad no querrían emular.

—¿Cómo pude hacerlo? —respondí—. Estas personas trabajaron con mucho empeño y me han dado el mejor empleo del mundo. ¿Cómo podría *no* hacerlo?

De manera que los 16 nos dirigimos a Florida en una gran camioneta. Nos divertimos como locos y yo me aseguré de que también adquiriéramos conocimientos al tiempo que nos divertíamos. A lo largo del camino nos detuvimos en varias universidades y visitamos grupos de investigación en ciencias computacionales.

El viaje a Disneylandia fue de esa gratitud que es sencillo demostrar. Fue un obsequio tangible, y fue perfecto porque se trató de una experiencia que yo pude compartir con las personas que me importaban.

Sin embargo, no con todas las personas resulta sencillo ser agradecido.

Uno de mis más importantes mentores fue Andy van Dam, mi profesor de ciencias computacionales cuando yo asistía a la Universidad Brown. Me asesoró con sabiduría y transformó mi vida. Nunca podré corresponderle en el pasado, así que le pagaré en el futuro.

Siempre me ha gustado decir a mis alumnos:

—Salgan y hagan por otras personas lo mismo que alguien haya hecho por ustedes.

Al llevar a mi equipo a Disneylandia y al hablar a mis alumnos acerca de sus sueños y metas, yo intenté hacer justo eso.

45

Envía galletas

Como parte de mis responsabilidades, yo solía ser revisor académico. Lo anterior significa que tenía que solicitar a otros profesores que leyeran y revisaran densas publicaciones de investigación. Podía tratarse de una labor tediosa y somnífera, de manera que se me ocurrió una idea: enviar una caja de galletas de las niñas exploradoras con cada artículo que fuera necesario revisar. "Gracias por acceder a revisar esta información", escribía. "Las galletas que se incluyen son tu premio. Pero no se vale que te las comas antes de revisar las publicaciones."

Esa estrategia provocaba una sonrisa en los rostros de la gente y yo nunca tenía que llamar ni acosar a nadie. Los profesores tenían su caja de galletas sobre el escritorio, así que sabían lo que tenían que hacer.

Desde luego, algunas veces tuve que enviar recordatorios por correo electrónico, pero cuando llamaba a la gente, todo lo que necesitaba era pronunciar una sola frase:

—¿Ya te comiste las galletas?

He descubierto que las galletas con una extraordinaria herramienta de comunicación. También son una dulce recompensa por una labor bien hecha.

46

Todo lo que tienes es lo que llevas contigo

Siempre he sentido la necesidad de estar preparado ante cualquier situación en la que me encuentre. Cuando salgo de casa, ¿qué necesito llevarme? Cuando imparto una clase, ¿qué preguntas debo anticipar? Cuando preparo el futuro de mi familia sin mí, ¿qué documentos debo tener en orden?

Mi madre recuerda una ocasión en la cual me llevó al supermercado cuando yo tenía siete años de edad. Llegamos juntos hasta la caja registradora y ella se dio cuenta de que había olvidado uno o dos artículos de su lista de compras. Entonces, me dejó a cargo del carrito en la fila y corrió a conseguir lo que le faltaba.

—Vuelvo enseguida —me dijo.

Se marchó durante algunos minutos pero, en ese tiempo, yo ya había colocado todas las compras en el mostrador de la caja y nuestra cuenta ya estaba lista. Me quedé perplejo frente a la cajera mientras ella me observaba. Entonces, la cajera decidió aprovechar la situación y jugarme una broma.

—¿Tienes dinero para mí, hijo? —me preguntó—. Necesitaré que me pagues.

No me di cuenta de que ella sólo quería divertirse, de manera que permanecí parado allí, mortificado y avergonzado.

Para cuando mi madre regresó, yo estaba furioso.

—¡Me dejaste aquí sin dinero! ¡Esta señora me pidió que le pagara y yo no tenía nada que darle!

Ahora que soy adulto, nunca me encontrarás con menos de doscientos dólares en mi cartera. Quiero estar preparado en caso de que los necesite. Claro, podría perder la cartera o podrían robármela pero, para un hombre que tiene un nivel de vida razonable, doscientos dólares es una cantidad que vale la pena arriesgar. En contraste, no contar con dinero a la mano cuando lo necesitas puede resultar un problema mucho mayor.

Siempre he admirado a las personas que están más que preparadas. En la universidad tuve un compañero llamado Norman Meyrowitz. Cierto día, él daba una presentación con un proyector suspendido en el techo y, a la mitad de su charla, el foco del proyector se fundió. Hubo una queja audible entre los presentes. Tendríamos que esperar unos diez minutos hasta que alguien consiguiera un proyector nuevo.

—No importa —anunció Norman—. No hay razón alguna para preocuparse.

Lo miramos dirigirse hacia su maleta y sacar algo de ella: había traído consigo un foco de repuesto para el proyector. ¿Quién se detendría a pensar en eso?

Sucedió que nuestro profesor Andy van Dam estaba sentado junto a mí, se inclinó hacia el frente y dijo:

—Este muchacho tiene un futuro brillante.

Tuvo razón. Norman se convirtió en alto ejecutivo en Macromedia Inc., en donde sus esfuerzos han influido en casi cualquier persona que utiliza Internet en la actualidad.

Otra manera de estar preparado es pensar de manera negativa.

Es cierto, soy un gran optimista, pero cuando trato de tomar una decisión, con frecuencia pienso en el peor escenario. A esto le llamo "el factor devorado por los lobos". Si hago algo, ¿qué es lo más terrible que podría ocurrir? ¿Podrían devorarme los lobos?

Una de las cosas que hacen posible que seas optimista es si cuentas con un plan de contingencia en caso de que se desaten los infiernos. Hay muchas cosas por las cuales no me preocupo, y eso es porque cuento con un plan apropiado si suceden.

Con frecuencia les dije a mis alumnos:

—Cuando están en un sitio salvaje, todo lo que tienen es lo que llevan consigo.

Y, en esencia, un sitio salvaje es cualquier lugar, excepto tu hogar o tu oficina, de manera que lleva dinero. Trae tu equipo de reparación. Imagínate a los lobos. Empaca un foco. Prepárate.

47

Una mala disculpa es peor
que el hecho de que no te disculpes

Las disculpas no son un asunto de aprobar o reprobar. Siempre les insistí a mis alumnos: cada vez que se disculpen, cualquier actuación inferior a la excelencia no sirve de nada.

Por lo regular, las disculpas de dientes para afuera o las que no son sinceras son peores que el hecho de no disculparse, porque sus destinatarios las encuentran insultantes. Si has cometido un error en tu trato con otra persona, es como si existiera una infección en su relación. Una buena disculpa es como el antibiótico; una mala disculpa es como frotar sal en la herida.

El trabajo en equipo era crucial en mis clases, pero la fricción entre los alumnos era inevitable. Algunos estudiantes no se hacían cargo de sus responsabilidades. Otros estaban tan llenos de sí mismos que minimizaban a sus compañeros. Para mediados del semestre, las disculpas eran *siempre* necesarias. Cuando los estudiantes no lo hacían, las cosas se salían de control por completo, razón por la cual yo aprovechaba las clases para enseñarles mi pequeña rutina acerca de las disculpas.

Comenzaba por describir las dos malas disculpas clásicas:

1. "Lamento que te sientas herido por lo que he hecho." (Éste es un intento de pomada emocional, pero es evidente que no deseas aplicar ningún medicamento en la herida.)

2. "Me disculpo por lo que hice, pero es necesario que tú también te disculpes por lo que hiciste." (Eso no es ofrecer una disculpa. Es pedir que el otro se disculpe.)

Las disculpas apropiadas se componen de tres partes:

1. Estuvo mal lo que hice.
2. Me siento mal por haberte lastimado.
3. ¿Cómo puedo hacerlo mejor?

Es cierto, algunas personas podrían aprovecharse de ti al responder a la pregunta número tres. Pero la mayoría de la gente apreciará de verdad tus esfuerzos por hacerlo mejor. Tal vez te diga de manera breve y sencilla cómo hacerlo mejor. Con frecuencia, la gente también se esforzará por hacer mejor las cosas.

Los estudiantes solían decirme:

—¿Qué ocurre si yo me disculpo y la otra persona no lo hace?

Yo les respondía:

—Eso es algo que tú no puedes controlar, así que no permitas que te desgaste.

Si otra persona te debe una disculpa y tus palabras al disculparte son apropiadas y sinceras, es probable que no sepas de ella durante algún tiempo. Después de todo, ¿cuáles son las probabilidades de que esa persona se encuentre en el estado emocional adecuado para disculparse justo en el mismo momento que tú? Sólo sé paciente. A lo largo de mi carrera profesional vi disculparse a muchos alumnos y, después de varios días, sus compañeros correspondían. Tu paciencia será tan apreciada como recompensada.

48

Di la verdad

Si sólo pudiera decir tres palabras como consejo, serían: "Di la verdad". Si tuviera tres palabras más, agregaría: "Todo el tiempo". Mis padres me enseñaron que "tú eres tan bueno como tu palabra", y no existe mejor manera de decirlo.

La honestidad no sólo es correcta en términos morales; también es eficiente. En una cultura en la cual toda la gente dice la verdad, puedes ahorrar gran cantidad de tiempo porque no necesitas revisar de nuevo. Cuando impartía clases en la Universidad de Virginia *adoraba* el código de honor. Si un alumno estaba enfermo y solicitaba que le aplicara un examen extraordinario, yo no necesitaba crear uno nuevo. El alumno sólo "juraba" que no había hablado con ninguno de sus compañeros acerca del examen y yo le entregaba el mismo que había aplicado a los demás.

La gente miente por una gran cantidad de razones; con frecuencia, tal parece que lo hace como una manera de obtener lo que desea con menos esfuerzo. Pero, como muchas estrategias de corto plazo, resulta ineficiente en el largo plazo. Después sucede que te encuentras de nuevo con esas personas a quienes les mentiste y ellas recuerdan el incidente. Lo siguiente es que comenten al respecto con más personas. Eso es lo que más me sorprende de la mentira. La mayoría de la gente que ha mentido cree que se ha salido con la suya cuando, en realidad, no es así.

49

Acércate a tu caja de crayones

A veces, la gente que me conoce se queja de que yo percibo las cosas sólo en blanco o negro.

De hecho, uno de mis colegas decía a la gente:

—Acude a Randy si deseas un consejo de blanco o negro. Pero si requieres de un consejo gris, él no es la persona apropiada.

De acuerdo. Me declaro culpable del cargo, en especial cuando era más joven. Yo solía decir que mi caja de crayones sólo contenía dos colores en su interior: blanco y negro. Supongo que ésa es la razón por la cual amo las ciencias de la computación, porque todo en ellas es verdadero o falso.

Sin embargo, a medida que he envejecido, he aprendido a apreciar que una buena caja de crayones debe contener más de dos colores. Pero aún creo que, si vas por la vida a través del camino correcto, utilizarás más el blanco y el negro antes que cualquiera de los demás colores.

En cualquier caso, sin importar el color, me encantan los crayones.

A mi última lección llevé varios cientos de ellos. Quería que todos los asistentes tuvieran uno al entrar a la sala de lecciones pero, en la confusión, olvidé decir a los chicos de la entrada que los repartieran. Muy mal. Mi plan era el siguiente: mientras hablaba acerca de los sueños infantiles, pediría a los asistentes que cerraran los ojos y frotaran los crayones entre sus dedos para sentir su textura, el papel que los envuelve, la cera. Después les pediría acercar el crayón a su nariz y aspirar profundo su olor. Oler un crayón te transporta de inmediato a tu infancia, ¿no es cierto?

En cierta ocasión vi a un colega desarrollar una rutina similar con un grupo de personas y fue mi inspiración. De hecho, desde entonces, con frecuencia llevo un crayón en el bolsillo de la camisa. Cuando necesito retroceder en el tiempo, lo coloco bajo mi nariz y lo huelo de nuevo.

Me confieso parcial en cuanto a los crayones blanco y negro, pero eso sólo se refiere a mí. Cualquier color tiene la misma potencia. Respíralo. Ya verás.

50

El salero y pimentero de 100 000 dólares

Cuando tenía doce años de edad y mi hermana tenía catorce, fuimos en familia a Disneylandia, en Orlando. Nuestros padres pensaron que éramos lo bastante mayores para vagar por los alrededores del parque sin necesidad de supervisarnos. En aquellos días previos al teléfono celular, mamá y papá nos pidieron que fuéramos cuidadosos, eligieron un punto de reunión para encontrarnos allí hora y media después, y luego nos dejaron ir.

¡Imagínense la emoción que sentimos! Nos encontrábamos en el sitio más genial del mundo y nos dieron libertad para explorarlo a nuestro antojo. También nos sentíamos agradecidos al extremo con nuestros padres por llevarnos allí y por reconocer que éramos lo bastante maduros para pasear por nuestra cuenta, de manera que decidimos juntar nuestro dinero y comprarles un obsequio.

Nos dirigimos hacia una tienda y encontramos lo que consideramos que era el regalo perfecto: un salero y pimentero de cerámica con la figura de dos osos que colgaban de un árbol; cada uno de ellos sostenía un recipiente. Pagamos diez dólares por el obsequio, salimos de la tienda y saltamos a lo largo de la calle principal en busca de la siguiente atracción.

Yo sostenía el regalo y, en un terrible instante, se deslizó de mis manos. El obsequio se rompió con el impacto. Mi hermana y yo nos ahogamos en lágrimas.

Una visitante del parque vio lo que había ocurrido y se acercó a nosotros.

—Llévenlo a la tienda —nos sugirió—. Estoy segura de que les darán uno nuevo.

—No puedo hacer eso —respondí—. Fue mi culpa. Yo lo dejé caer. ¿Por qué nos daría la tienda uno nuevo?

—Inténtenlo de cualquier modo —dijo la señora—. Nunca se sabe.

Así que regresamos a la tienda… y no mentimos. Explicamos lo que había sucedido. Los empleados de la tienda escucharon nuestra triste historia, nos sonrieron… y nos dijeron que nos darían un salero y pimentero nuevo. ¡Incluso dijeron que había sido su culpa porque no habían envuelto de manera apropiada el salero y pimentero original! Su mensaje fue: "Nuestro empaque debió soportar una caída debido a la excitación de un cliente de doce años de edad".

Eso me impresionó mucho. No sólo sentí gratitud, sino incredulidad. Mi hermana y yo salimos de la tienda aturdidos por completo.

Cuando mis padres se enteraron del incidente, *en verdad* se incrementó su aprecio por Disneylandia. De hecho, esa decisión de servicio al cliente con referencia a un salero y pimentero de diez dólares puede haber representado una ganancia de más de 100 000 dólares para Disney.

Permíteme explicarlo.

Años después, como consultor de los creativos de Disney, algunas veces conversé con altos ejecutivos de la jerarquía de mando de Disney y, siempre que se me presentó la oportunidad, les relataba la historia del salero y pimentero.

Les explicaba que las personas de aquella tienda de regalos nos habían hecho sentir muy bien acerca de Disney a mi hermana y a mí, y cómo ese incidente había provocado que mis padres apreciaran a la institución desde un nivel muy distinto.

Mis padres hicieron de las visitas a Disneylandia una parte integral de su trabajo voluntario. Tenían un autobús para 22 pasajeros que utilizaban para llevar a estudiantes de inglés como segundo idioma desde Maryland para visitar el parque. Durante más de veinte años, mi padre compró boletos para que docenas de niños fueran a Disneylandia. Yo fui a la mayoría de esos viajes.

Después de todo, a partir de ese día, mi familia ha invertido más de 100 000 dólares en Disneylandia en boletos, alimentos y recuerdos para nosotros y para otras personas.

Cuando cuento esta historia a los ejecutivos de Disney actuales, siempre finalizo con esta pregunta:

—Si yo envío a un niño a una de sus tiendas con un salero y pimentero roto el día de hoy, ¿permitirán sus políticas a sus trabajadores que sean lo bastante amables para reponerlo?

Los ejecutivos se incomodan ante dicha pregunta pues conocen la respuesta: es probable que no.

La razón es que en ninguna aplicación de su sistema de contabilidad pueden ellos medir cómo es que un salero y pimentero de diez dólares puede producir una utilidad de 100 000. Por tanto, es fácil deducir que un niño de hoy no tendría tanta suerte y saldría de la tienda con las manos vacías.

Mi mensaje es el siguiente: existe más de una manera de medir las ganancias y las pérdidas. En todos los niveles, las instituciones pueden y deben tener corazón.

Mi mamá todavía tiene ese salero y pimentero de 100 000 dólares. El día en que los empleados de Disneylandia lo sustituyeron fue grandioso para nosotros… ¡y no fue un mal día para Disney!

51

Ningún empleo es inferior a tu nivel

Se ha documentado lo suficiente que existe un sentimiento de superioridad creciente entre los jóvenes de la actualidad. Sin duda, yo lo he visto en mis salones de clases.

Muchos graduados tienen esta noción de que deben ser contratados por su brillante creatividad. Demasiados de ellos se sientes infelices ante la idea de iniciar desde abajo.

Mi consejo siempre ha sido:

—Ustedes deben sentirse agradecidos de conseguir un empleo en la oficina de correspondencia. Y cuando estén allí, esto es lo que harán: ser sensacionales para repartir correspondencia.

Nadie quiere escuchar que otra persona diga: "No soy bueno para repartir correspondencia porque el empleo es inferior a mi nivel". Ningún empleo debe ser inferior a nuestro nivel. Y si no puedes (o no quieres) repartir correspondencia, ¿dónde está la prueba de que puedes hacerlo todo?

Después de que nuestros estudiantes en ETC eran contratados por empresas para realizar su servicio social o como primeros empleos, con frecuencia solicitábamos a dichas empresas que nos proporcionaran retroalimentación acerca de cómo se desempeñaban. Casi nunca hubo comentarios negativos de los jefes en relación con sus habilidades o sus conocimientos técnicos. Sin embargo, cuando nos dieron comentarios negativos, casi siempre se referían a que los nuevos empleados sentían que su nivel era muy superior a los cargos que se les asignaban o a que ya le echaban el ojo a las oficinas de las esquinas.

Cuando tenía quince años de edad trabajé con el azadón en una huerta de fresas; la mayoría de mis compañeros de trabajo eran jornaleros diurnos. Un par de maestros trabajaban allí también para ganar un poco de dinero adicional para el verano. Le comenté a mi papá que consideraba que el trabajo era inferior al nivel de esos maestros (supongo que ese comentario también implicaba que el trabajo era inferior a mi nivel). Entonces, a mi padre se le desató la lengua y me soltó un sermón para toda la vida. Él creía que las labores manuales no eran inferiores a nadie. Me dijo que prefería que yo trabajara con ahínco y me convirtiera en el mejor cavador de zanjas del mundo en lugar de ser un soberbio elitista detrás de un escritorio.

Regresé a ese huerto de fresas, pero el trabajo aún me resultaba desagradable. Sin embargo, había escuchado las palabras de mi padre. Analicé mi actitud y utilicé con más fuerza el azadón.

52

Conoce el sitio donde te encuentras

—Muy bien, profesor Boy, ¿qué puede hacer por nosotros?

Ése fue el saludo que recibí de Mk Haley, un creativo de 27 años de edad a quien se asignó la labor de hacerse cargo de mí durante mi periodo sabático en Disney.

Yo había llegado a un lugar en donde mis credenciales académicas no significaban nada. Me convertí en un viajero en tierras extrañas, quien tenía que encontrar un camino para conseguir la divisa local, ¡y pronto!

Durante años les platiqué esta experiencia a mis alumnos porque se trata de una lección fundamental.

A pesar de que había hecho realidad mi sueño infantil de convertirme en creativo de Disney, había pasado de ser el perro jefe en mi laboratorio de investigación académica a convertirme en un extraño pato en una charca silvestre y riesgosa. Tenía que descubrir cómo lograr que mis extravagantes maneras tuvieran cabida en esa cultura de hazlo o rómpelo.

Trabajé en la atracción de realidad virtual de Aladino que después se sometió a pruebas en Epcot. Después me uní a los creativos que entrevistaban a los visitantes acerca de si les había agradado el juego. ¿Se habían mareado, desorientado, sentido náuseas?

Algunos de mis nuevos colegas se quejaron de que yo aplicaba valores académicos que no servían para el mundo real. Decían que yo estaba demasiado enfocado en producir datos y que insistía mucho en apreciar las cosas con sentido científico en lugar de percibirlas a nivel emocional. Era un enfrentamiento entre la academia de hueso duro (yo) y el entretenimiento de hueso duro (ellos). Sin embargo, al final, y después de que encontré la manera de reducir la duración de la atracción en veinte segundos por visitante al cargarla de manera distinta, gané un poco de crédito con aquellos creativos que tenían ciertas dudas acerca de mí.

La razón por la cual cuento esta historia es porque quiero hacer énfasis en lo sensible que se necesita ser al cruzar de una cultura a otra y, en el caso de mis alumnos, de la escuela a su primer empleo.

Resultó que, al finalizar mi periodo sabático, la empresa me ofreció un empleo de tiempo completo. Después de una profunda agonía, tuve que rechazar la oferta. El llamado de la enseñanza era demasiado poderoso pero, como había resuelto el enigma de cómo navegar tanto en el mundo académico como en el del entretenimiento, Disney encontró la manera de mantenerme involucrado: me convertí en asesor del departamento creativo una vez por semana, feliz labor que realicé durante diez años.

Si puedes encontrar tus cimientos entre dos culturas, algunas veces obtendrás lo mejor de los dos mundos.

53

Nunca te rindas

Cuando estaba en el último año de bachillerato hice solicitud para ingresar a la Universidad Brown, pero no lo conseguí y me colocaron en la lista de espera. Llamé a las oficinas de administración hasta que, en un momento dado, decidieron que bien podrían aceptarme pues les constaba cuánto lo deseaba. La tenacidad me ayudó a superar esa muralla de ladrillos.

Cuando llegó el momento de graduarme de Brown, nunca se me ocurrió, ni en un millón de años, asistir a la escuela de graduados. La gente de mi familia tenía una educación y después tenía un empleo. Nunca continuaba con la educación.

Pero Andy van Dam, "mi tío holandés" y mentor en Brown, me aconsejó:

—Estudia un doctorado. Conviértete en profesor.

—¿Por qué debería hacerlo? —le pregunté.

Él respondió:

—Porque eres un excelente vendedor, y si trabajas para una empresa, te utilizará como tal. Si vas a convertirte en vendedor, al menos hazlo con algo que valga la pena, como la educación.

Siempre sentiré agradecimiento por ese consejo.

Andy me recomendó que aplicara a la Universidad Carnegie Mellon, a donde él había enviado una larga lista de sus mejores alumnos.

—Ingresarás allí, no tendrás problema alguno —me dijo y escribió una carta de recomendación.

Los miembros de la facultad de la Universidad Carnegie Mellon leyeron la flamante carta, revisaron mis aceptables calificaciones y los deslucidos resultados de mis exámenes de graduación y revisaron mi solicitud.

Me rechazaron.

Yo había sido aceptado en otros programas de doctorado, pero la Universidad Carnegie Mellon no me quería, de manera que me dirigí a la oficina de Andy y arrojé sobre su escritorio la carta de rechazo.

—Quiero que sepas cuánto valora la Universidad Carnegie Mellon tus recomendaciones —le dije.

Segundos después de que la carta aterrizó sobre su escritorio, Andy levantó el teléfono.

—Arreglaré esto. Haré que te acepten —me dijo.

Pero yo lo interrumpí.

—No quiero que lo hagas de esa manera —le dije.

Así que hicimos un trato: yo analizaría las escuelas que me habían aceptado. Si no me sentía cómodo con ninguna de ellas, volvería a su oficina y hablaríamos al respecto.

Las otras escuelas fueron tan inapropiadas para mí que muy pronto terminé por acudir de nuevo a Andy. Le dije que había decidido no asistir a la escuela de graduados y buscar un empleo.

— No, no, no —me dijo—. Tienes que obtener tu doctorado, y tienes que asistir a la Universidad Carnegie Mellon.

Andy levantó el teléfono y llamó a Nico Habermann, director del departamento de ciencias computacionales de la Universidad Carnegie Mellon, quien también resultó ser holandés. Hablaron sobre mí en holandés durante un rato y después Andy colgó el teléfono y me dijo:

—Preséntate en su oficina mañana a las 8.

Nico era todo un personaje: un académico de vieja escuela al estilo europeo. Estaba claro que nuestra reunión sólo se trataba de un favor para su amigo Andy. Nico me preguntó por qué debía reconsiderar mi solicitud dado que el departamento ya me había evaluado. Con suma cautela, le dije:

—Después de ser evaluado, gané un patrocinio completo de la Oficina de Investigación Naval.

Nico replicó con gravedad:

—Tener dinero no es parte de nuestro criterio de admisiones; nosotros financiamos a nuestros alumnos con base en garantías de investigación.

Después, me observó durante un largo rato. Dicho con más precisión, observó *a través* de mí.

Existen unos pocos momentos clave en la vida de cualquier ser humano. Una persona es afortunada si puede decir en retrospectiva cuándo ocurrieron. Yo supe en *ese momento* que vivía un momento clave. Con toda la deferencia que mi arrogante e inexperta persona podía mostrar, le dije:

—Lo lamento. No quise decir que se tratara de dinero. Es que esa institución entrega sólo quince de esos patrocinios a nivel nacional, de manera que pensé que era un honor, que sería relevante. Me disculpo si el hecho de mencionarlo fue presuntuoso de mi parte.

Ésa era la única respuesta que yo tenía, pero era la verdad. Con mucha, mucha lentitud, la vista congelada de Nico se derritió y pudimos conversar durante algunos minutos más.

Después de reunirme con muchos otros miembros de la facultad, resultó que fui aceptado en la Universidad Carnegie Mellon y obtuve mi doctorado. Fue una muralla de ladrillos que pude superar gracias al invaluable apoyo de mi mentor y a un poco de servilismo sincero.

Hasta que me subí al escenario para dictar mi última lección, nunca había dicho a mis alumnos y colegas de la Universidad Carnegie Mellon que yo había sido rechazado cuando solicité mi ingreso. ¿Qué era lo que me causaba temor? ¿Que ellos pensaran que yo no era lo bastante inteligente como para estar en su compañía? ¿Qué me tomaran menos en serio?

Resultan interesantes los secretos que decides revelar al final de tu vida.

Yo debí contar esa historia durante años porque la moraleja es: si deseas algo con suficiente intensidad, nunca te des por vencido (y acepta ayuda cuando te la ofrezcan).

Las murallas de ladrillos están allí por una razón, y una vez que logres superarlas, incluso si otra persona tuvo que arrojarte por encima de ellas, puede resultar útil para los demás el hecho de que les expliques cómo lo lograste.

54

Sé una persona comunitaria

En Estados Unidos de América hemos dado gran énfasis a la idea de los derechos de la gente. Así es como debe ser, pero no tiene sentido alguno hablar acerca de los derechos sin mencionar también las responsabilidades.

Los derechos deben provenir de algún lugar, y éste es la comunidad. En correspondencia, todos nosotros tenemos una responsabilidad con la comunidad. Algunas personas le llaman "movimiento comunitario", pero yo le llamo sentido común.

Muchos de nosotros hemos perdido esta conciencia y, en mis veinte años de profesión docente, he notado que cada vez más estudiantes la desconocen. La noción de que los derechos conllevan responsabilidades es, de manera literal, un concepto extraño para ellos.

Yo solía pedir a mis alumnos que firmaran un acuerdo al inicio de cada semestre, en el cual se especificaban sus responsabilidades y sus derechos. Tenían que acceder a trabajar en grupos de forma constructiva, asistir a determinadas juntas y ayudar a sus compañeros mediante la retroalimentación honesta. A cambio, tenían el derecho de estar presentes en clase y de que su trabajo fuera criticado y exhibido.

Algunos estudiantes se quejaban del acuerdo. Creo que lo anterior se debe a que nosotros, como adultos, no somos siempre los mejores ejemplos sobre cómo ser personas comunitarias. Por ejemplo: todos creemos que tenemos el derecho a juicio y, sin embargo, muchas personas dan grandes rodeos y excusas para escapar a la obligación de fungir como jurados.

Así que quise que mis alumnos supieran que todos debemos contribuir al bien común. El hecho de no hacerlo puede describirse con una palabra: egoísmo.

Mi papá nos enseñó eso con el ejemplo, pero también buscó nuevas formas de enseñarlo a otras personas. Hizo algo muy inteligente cuando era comisionado de la pequeña liga de beisbol.

Había tenido ciertas dificultades para conseguir *umpires* voluntarios. Era un trabajo ingrato, en parte porque cada vez que se marcaba un *strike* o una bola, no faltaba el chico o el padre que aseguraba que había sido un error. También estaba el asunto del miedo: era necesario estar allí mientras niños con poco o ningún control blandían sus bats o arrojaban la pelota hacia uno.

De cualquier manera, a mi padre se le ocurrió una idea: en lugar de pedir a los adultos que se ofrecieran como voluntarios, hizo que los jugadores de las divisiones de mayor edad desempeñaran el cargo de *umpire* para los niños más pequeños. Hizo que fuera un honor ser seleccionado como *umpire*.

Muchas cosas ocurrieron a consecuencia de ello.

Los chicos que se convirtieron en *umpires* comprendieron cuán difícil era ese trabajo y casi dejaron de discutir con sus propios *umpires*. También se sintieron complacidos por ayudar a los niños de las divisiones de menor edad. Mientras tanto, los niños pequeños tuvieron modelos mayores que trabajaban como voluntarios.

Mi papá creó un nuevo equipo de voluntarios. Él sabía que, cuando nos conectamos con otras personas, nos convertimos en mejores seres humanos.

55

Todo lo que tienes que hacer es preguntar

En el último viaje de mi padre a Disneylandia, él y yo aguardábamos en la fila del monorriel con Dylan, quien entonces tenía cuatro años de edad. Dylan estaba ansioso por sentarse en el genial vehículo de nariz cónica junto al conductor. Mi padre, amante de los parques temáticos, también pensó que aquélla sería una experiencia fenomenal.

—Qué mal que no permitan que la gente común se siente en ese sitio —me dijo.

—Hmmm—respondí—. De hecho, papá, después de ser un creativo de Disney he descubierto que existe un truco para sentarse en el asiento delantero. ¿Quieres verlo?

Desde luego, él dijo que sí.

Así que me dirigí hacia el sonriente operador del monorriel de Disney y le pregunté:

—Disculpe, ¿podríamos nosotros tres sentarnos en el vagón delantero, por favor?

—Desde luego, señor —respondió el operador y abrió la puerta para que pasáramos a ocupar nuestros lugares junto al conductor del monorriel. Ésa fue una de las pocas ocasiones en que vi a mi padre anonadado por completo.

Todo lo que tenemos que hacer es preguntar.

—Dije que existía un truco —le aclaré mientras corríamos para llegar al Reino Mágico—. Nunca mencioné que se tratara de un truco difícil.

Algunas veces, todo lo que tienes que hacer es preguntar.

Siempre he sido muy adepto a hacer preguntas y a pedir lo que necesito. Estoy orgulloso del momento en que reuní todo mi valor y contacté a Fred Brooks Jr., uno de los mejor ponderados científicos de la computación del mundo entero. Después de comenzar su carrera en IBM en la década de los años cincuenta, fundó el departamento de ciencias computacionales en la Universidad de Carolina del Norte. Es famoso dentro de nuestra industria por decir, entre otras grandes frases: "Agregar más personas a un proyecto de *software* tardío lo hace aún más tardío". (En la actualidad, esa frase se conoce como la "Ley Brooks".)

Yo ya tenía veintitantos años y aún no lo conocía, así que le envié un mensaje por correo electrónico para preguntarle:

—Si conduzco de Virginia a Carolina del Norte, ¿sería posible que me concediera treinta minutos para conversar?

Él respondió:

—Si usted conduce todo el camino hasta aquí, le daré más de treinta minutos.

Me dio noventa minutos y se convirtió en un mentor de por vida para mí. Años después me invitó a dar una lección en la Universidad de Carolina del Norte. Ése fue el viaje que me condujo al más significativo momento de mi vida: cuando conocí a Jai.

Algunas veces, todo lo que tienes que hacer es preguntar y ello puede provocar que todos tus sueños se hagan realidad.

En estos días, y dado el poco tiempo que me resta, me he vuelto mucho mejor en la técnica de "sólo preguntar". Como todos sabemos, con frecuencia pasan días antes de obtener resultados médicos. Esperar noticias médicas no es la manera como deseo invertir mi tiempo a últimas fechas, así que siempre pregunto:

—¿Cuál es el tiempo mínimo de espera para conocer esos resultados?

—¡Oh! —me responden por lo regular—. Tal vez podamos entregárselos en una hora, más o menos.

—Muy bien —les digo—… ¡Me alegro de haber preguntado!

Haz esas preguntas. Sólo hazlas. Con más frecuencia de la que te imaginas, la respuesta que obtendrás es:

—Desde luego.

56

Toma la decisión: Tigger o Igor

Cuando dije al presidente de la Universidad Carnegie Mellon, Jared Cohon, que daría una última lección, él me dijo:

—Por favor háblale a la audiencia acerca de divertirse, porque eso es lo que recordaré de ti.

Y yo respondí:

—Puedo hacerlo, pero es como si un pez hablara acerca de la importancia del agua.

Lo que quiero decir es que no sé cómo *no* divertirme. Estoy a punto de morir y me divierto. Y continuaré con mi diversión a lo largo de cada día que me reste de vida, porque para mí no hay otra manera de hacerlo.

Me percaté de ello cuando aún era muy pequeño. Desde mi punto de vista, existe una decisión que todos debemos tomar y que se representa a la perfección en los personajes de Winnie Pooh, creados por A. A. Milne. Cada uno de nosotros decide: ¿soy un Tigger amante de la diversión o soy un triste Igor? Elige el que prefieras. Creo que está claro cuál es mi posición en el debate Tigger/Igor.

En mi último *Halloween* me divertí mucho. Jai y yo nos disfrazamos como los Increíbles y lo mismo hicimos con nuestros tres hijos. Coloqué una fotografía de nosotros en mi sitio *web* para que toda la gente conociera a la increíble familia que somos.

La quimioterapia no ha afectado mis superpoderes de manera dramática.

Los niños lucían espectaculares y yo parecía invencible con mis falsos músculos de cartón. Expliqué que la quimioterapia no había afectado mis superpoderes de manera dramática y recibí toneladas de mensajes sonrientes por correo electrónico.

Hace poco tomé unas cortas vacaciones para bucear con tres de mis mejores amigos: Jack Sheriff, amigo mío de la preparatoria; mi compañero de habitación en la universidad, Scott Sherman; y mi amigo de Electronic Arts, Steve Seabolt. Todos estábamos al tanto del texto subyacente. Ellos eran amigos míos de diferentes momentos de mi vida y se habían reunido para darme un fin de semana de despedida.

Mis tres amigos no se conocían muy bien entre sí, pero pronto establecieron lazos estrechos. Todos somos adultos, pero gran parte de esas vacaciones fue como si sólo tuviéramos trece años de edad. Y todos fuimos Tiggers.

Con éxito logramos evitar los diálogos emotivos del tipo "te quiero, amigo" relacionados con mi cáncer. En lugar de ello, nos divertimos. Hicimos remembranzas, montamos a caballo por los alrededores e hicimos bromas a las costillas de unos y otros. (De hecho, ellos se burlaron más de mí por la reputación de "san Randy de Pittsburgh" que resultó de mi última lección. Ellos me conocen bien y no creen en nada de eso.)

No quiero deshacerme del Tigger que vive en mi interior. No puedo encontrar las ventajas de convertirme en un Igor. Cierta vez, una persona me preguntó qué quería que dijera mi epitafio. Respondí: "Randy Pausch. Vivió treinta años después de un diagnóstico terminal".

Lo juro. Podría empacar mucha diversión en esos treinta años pero, si eso no es posible, entonces sólo empacaré diversión en la cantidad de tiempo que me reste.

57

Una manera de entender el optimismo

Después de enterarme de que tenía cáncer, uno de mis médicos me dio algunos consejos:

—Es importante —dijo— que te comportes como si fueras a vivir mucho tiempo más.

Yo ya le llevaba bastante ventaja.

—Doc, apenas me compré un automóvil convertible y me hice la vasectomía. ¿Qué más quiere de mí?

No estoy en estado de negación respecto de mi situación. Mantengo mi sentido de vista clara hacia lo inevitable. Vivo como si estuviera a punto de morir pero, al mismo tiempo, en gran medida, vivo como si aún estuviera vivo.

Algunas recepcionistas de médicos oncólogos programan citas para pacientes con seis meses de anticipación. Para los pacientes, ésa es una señal optimista de que los médicos esperan que estén vivos para entonces. Existen personas con enfermedades terminales que miran las tarjetas de citas de los médicos en sus tableros informativos y se dicen: "Voy a llegar a esa cita y, cuando llegue, recibiré buenas noticias".

Herbert Zeh, mi cirujano en Pittsburgh, dice que le preocupan aquellos pacientes cuyo optimismo es inapropiado o que no son informados de manera adecuada. Al mismo tiempo, le molesta cuando los parientes o amigos les dicen a los pacientes que tienen que ser optimistas o no funcionará su tratamiento. Le duele recibir pacientes que han tenido un mal día en términos de salud y que asumen que ello se debe a que su actitud no ha sido lo bastante positiva.

Mi perspectiva personal acerca del optimismo es que, como se trata de un estado mental, puede permitirte alcanzar logros tangibles para mejorar tu estado físico. Si eres optimista, eres más capaz de soportar la brutal quimioterapia o continuar con la búsqueda de tratamientos médicos novedosos.

El doctor Zeh me llama su chico estrella por mi "perfecto equilibrio entre optimismo y realismo". Él se da cuenta de que yo intento aceptar mi cáncer como otra experiencia de vida.

Pero me encanta que mi vasectomía haya servido tanto como un apropiado método de control anticonceptivo y como gesto optimista acerca de mi futuro. Adoro conducir mi nuevo automóvil convertible. Me fascina pensar que tal vez podría encontrar la manera de convertirme en un sujeto en un millón que logra vencer su cáncer de grado avanzado. Porque, incluso si no lo logro, es un estado mental más propicio para ayudarme a vivir cada día.

La contribución de los demás

Desde que mi última lección comenzó a difundirse por Internet, he recibido noticias de muchas personas a quienes he conocido a lo largo de los años: desde vecinos de la infancia hasta amistades de mucho tiempo atrás. Y me siento agradecido por la calidez de sus palabras y sus pensamientos.

Ha sido un placer para mí leer notas de ex alumnos y colegas. Un compañero de trabajo recordó un consejo que le di cuando aún no obtenía el cargo de miembro titular de la facultad. Él afirma que le advertí que prestara atención a todos y cada uno de los comentarios que hacían los directores de departamento.

(Él recuerda que le dije: "Cuando el director sugiere de manera casual que tal vez tú considerarías realizar alguna labor, debes visualizar un punzón para ganado".)

Un ex alumno me envió un mensaje por correo electrónico para decirme que yo le ayudé a inspirarse para crear un nuevo sitio *web* de desarrollo personal llamado "Deja la estupidez y vive una vida de abundancia", diseñado para ayudar a la gente que vive muy por debajo de su potencial. De cierta manera, el nombre de ese sitio *web* suena similar a mi filosofía, a pesar de que no son mis palabras exactas.

Y sólo para mantener las cosas en perspectiva, del departamento de "algunas cosas que *nunca* cambian", un amor no correspondido de la preparatoria me escribió para hacerme llegar sus buenos deseos y para recordarme con gentileza que yo era demasiado *nerd* en aquel entonces para ella (aunque también deslizó la noticia de que se había casado con un doctor *de verdad*).

Una vez recuperada la seriedad, miles de desconocidos me escribieron también y me he sentido extasiado ante sus buenos deseos. Muchos de ellos me dieron consejos acerca de cómo ellos y sus seres queridos han enfrentado situaciones de vida o muerte.

Una mujer que perdió a su esposo de 48 años de edad a causa del cáncer pancreático dijo que dirigió su "última lección" a un pequeño auditorio: ella, sus hijos, sus padres y sus hermanos. Él les agradeció por su guía y amor, recordó los lugares que había visitado con ellos y les dijo las cosas que más le habían importado a lo largo de su vida. Esta mujer dijo que la asesoría externa había resultado de gran ayuda para ella y su familia después de la muerte de su marido: "Después de saber lo que ahora sé, la señora Pausch y sus hijos sentirán la necesidad de hablar, llorar y recordar".

Otra mujer, cuyo esposo murió a causa de un tumor cerebral cuando sus hijos tenían entre tres y ocho años de edad, me ofreció algunas reflexiones para que yo se las transmitiera a Jai: "Usted puede sobrevivir lo inimaginable", escribió. "Sus hijos serán una fuente tremenda de amor y consuelo, y serán la mejor razón para que usted despierte cada mañana y sonría."

Continuó: "Acepte la ayuda que se le ofrezca mientras Randy viva, de manera que pueda disfrutar de sus momentos con él. Acepte la ayuda que se le ofrezca cuando él ya haya partido, de manera que pueda reunir fuerzas para lo que es importante. Reúnase con otras personas que hayan vivido este tipo de pérdida. Esas personas serán un consuelo para usted y sus hijos". Esta mujer sugirió que Jai les diera la seguridad a nuestros hijos, a medida que crecen, de que tendrán una vida normal. Habrá graduaciones, bodas e hijos propios. "Cuando uno de los padres muere a tan temprana edad, algunos niños piensan que otros eventos de un ciclo de vida normal pueden no ocurrir para ellos tampoco."

Me enteré del caso de un hombre de cuarenta y tantos años que padece serios problemas cardiacos. Me escribió para contarme acerca de Krishnamurti, un líder espiritual de India que murió en 1986. Alguna vez preguntaron a Krishnamurti cuáles serían las palabras adecuadas que una persona puede decirle a un amigo que está próximo a morir. Él respondió:

—Dile a tu amigo que, con su muerte, una parte de ti muere con él. A donde quiera que él vaya, también irás tú. No estará solo.

En su mensaje de correo electrónico, este hombre me aseguraba lo siguiente: "Sé que no estás solo".

También me conmovieron los comentarios y los buenos deseos de algunas personas a quienes conozco bien y quienes se pusieron en contacto conmigo como resultado de la lección. Por ejemplo, la comentarista de noticias Diane Sawyer me entrevistó y, cuando se apagaron las cámaras, me ayudó a pensar con mayor claridad acerca de las piedras de toque que dejaría a mis hijos. Ella me dio un consejo increíble. Yo sabía que iba a dejarles cartas y videos a mis hijos, pero ella me dijo que lo más importante era decirles las maneras específicas en términos de idiosincrasia bajo las cuales me relacioné con ellos. He pensado mucho al respecto y he decidido decir a mis hijos cosas como: "Me encantó la manera como inclinaste hacia atrás la cabeza cuando te reíste". Les daré cosas específicas a las cuales ellos puedan sujetarse.

La doctora Reiss, la consultora a quien hemos acudido Jai y yo, me ha ayudado a encontrar estrategias para evitar perderme a mí mismo en el estrés ante mis estudios periódicos del cáncer, de manera que pueda concentrarme en mi familia con el corazón abierto, con un panorama positivo y con casi toda mi atención.

Durante gran parte de mi vida he tenido serias dudas acerca de la efectividad de la asesoría externa. Ahora que me encuentro entre la espada y la pared, puedo ver el alto grado de su efectividad. Me gustaría poder pasear por las salas de oncología y decírselo a los pacientes que intentan enfrentarse a todo esto por sí mismos.

* * *

Mucha, mucha gente me ha escrito para hablarme acerca de asuntos de la fe. Me siento muy agradecido por sus comentarios y sus oraciones.

Fui educado por unos padres que creían que la fe es una cuestión muy personal. No hablé acerca de mi religión específica en mi lección porque quise hablar sobre los principios universales que son comunes a todas las creencias religiosas y compartir conceptos que he aprendido gracias a mi relación con la gente.

Desde luego, he encontrado algunas de esas relaciones en la iglesia. M. R. Kelsey, una mujer de nuestra iglesia, se acercó y se sentó conmigo en el hospital durante once días después de mi cirugía y, a partir de mi diagnóstico, mi ministro ha resultado de gran ayuda. Acudíamos a la misma alberca en Pittsburgh y al día siguiente de que me enteré que mi condición era terminal, ambos estábamos allí. Él estaba sentado al lado de la alberca y yo me trepé al trampolín, le hice un guiño y después hice una pirueta en el aire antes de caer al agua.

Cuando nadé hasta la orilla de la alberca, él me dijo:

—Eres la imagen de la buena salud, Randy.

Le respondí:

—Ésa es la disonancia cognitiva. Me siento bien y luzco genial, pero ayer nos informaron que mi cáncer ha regresado y los doctores dicen que sólo me restan de tres a seis meses de vida.

Desde entonces, él y yo hemos conversado acerca de las mejores maneras para prepararme para mi muerte.

—Cuentas con un seguro de vida, ¿cierto? —me dijo.

—Sí, todo está arreglado —respondí.

—Bueno, también necesitas un seguro emocional —me dijo.

Después me explicó que pagaría el costo del seguro emocional con mi tiempo, no con dinero.

Con el fin de lograrlo, sugirió que yo necesitaba invertir algunas horas en grabar videos de mí con los niños, de manera que ellos tuvieran un registro de cómo jugábamos y reíamos. Con el paso de los años, ellos podrían ver la desenvoltura con la cual nos tocábamos e interactuábamos entre nosotros. También compartió conmigo su percepción acerca de asuntos específicos que yo podría hacer por Jai, para dejarle una constancia de mi amor.

—Si pagas el costo de tu seguro emocional ahora mismo, mientras te sientes sano, será menos pesado para ti en los meses venideros —me dijo—. Estarás más en paz.

Mis amigos. Las personas a quienes amo. Mi ministro. Las personas que son desconocidas para mí por completo. Cada día recibo mensajes de personas con buenos deseos que elevan mi espíritu. En verdad he podido constatar ejemplos de lo mejor de la humanidad y me siento muy agradecido por ello. Nunca me he sentido solo en este camino que he tomado.

VI

COMENTARIOS FINALES

59

Sueños para mis hijos

Existen muchas cosas que quisiera decirles a mis hijos, pero ellos son demasiado pequeños para poder comprenderlas en este momento. Dylan apenas cumplió seis años. Logan tiene tres años. Chloe tiene año y medio de edad. Quiero que mis hijos sepan quién soy, las cosas en las cuales siempre he creído y todas las maneras en que los he amado. Si tomamos en cuenta su edad, gran parte de todo esto les queda demasiado grande.

Quiero que mis hijos comprendan con cuánta desesperación me niego a abandonarlos.

Jai y yo todavía no les hemos dicho que voy a morir. Nos han aconsejado que esperemos hasta que los síntomas sean más evidentes. En este momento, a pesar de que sólo me restan algunos meses de vida, aún luzco bastante saludable; por tanto, mis hijos todavía no se dan cuenta de que cada uno de mis encuentros con ellos es una despedida.

Me duele pensar que, cuando crezcan, no tengan un padre. Cuando lloro en la ducha, por lo regular no pienso: "No los veré hacer esto" o "no los veré hacer esto otro". Pienso que los niños no tendrán un padre. Me concentro más en lo que ellos perderán que en lo que yo me perderé. Sí, cierto porcentaje de mi tristeza es "yo no haré, yo no haré, yo no haré", pero una mayor parte de mí se lamenta por ellos. Pienso una y otra vez: "Ellos no…, ellos no…, ellos no". Eso es lo que me carcome por dentro cuando lo permito.

Sé que sus recuerdos de mí serán borrosos. Ésa es la razón por la cual hago cosas que para ellos resulten inolvidables. Quiero que sus recuerdos de mí sean tan precisos como sea posible. Dylan y yo nos tomamos unas pequeñas vacaciones para nadar con delfines. Cuando un niño nada con delfines es difícil que lo olvide. Nos tomamos muchas fotografías.

Voy a llevar a Logan a Disneylandia, un lugar que sé que le encantará tanto como a mí. Él querrá conocer a Mickey Mouse. Yo ya lo conocí, así que puedo hacer las presentaciones. Jai y yo llevaremos también a Dylan, pues cada experiencia que Logan vive en estos momentos no parece completa a menos que esté involucrado en la acción con su hermano mayor.

Todas las noches, a la hora de dormir, cuando le pido a Logan que me diga cuál es la mejor parte de su día, siempre responde: "Jugar con Dylan". Cuando le pregunto la peor parte de su día, también responde: "Jugar con Dylan". Es suficiente decir que están unidos como hermanos.

Haciendo recuerdos con Dylan.

Logan, el máximo Tigger.

Estoy consciente de que tal vez Chloe no guarde recuerdo alguno de mí en absoluto. Es demasiado pequeña. Pero quiero que ella crezca y sepa que yo fui el primer hombre que se enamoró de ella. Siempre pensé que la relación padre-hija estaba sobrevalorada, pero puedo asegurarte que es real. En algunas ocasiones, ella me mira y yo me derrito.

Existen muchas cosas que Jai podrá decirles sobre mí cuando sean mayores. Ella podrá hablar acerca de mi optimismo, de mi manera de abrazar la diversión, de los altos estándares que intenté establecer en mi vida. Tal vez, de manera diplomática, les cuente algunas de las cosas que me hacían una persona exasperante, mi percepción demasiado analítica de la vida, mi insistencia (bastante frecuente) en que yo sabía más.

Pero ella es modesta, mucho más modesta que yo, y quizá no les cuente esto a los niños: que en nuestro matrimonio, ella estaba con un sujeto que la amaba de manera profunda y verdadera. Tampoco les contará todos los sacrificios que tuvo que hacer. Cualquier madre de tres niños pequeños se consume por atenderlos. Agreguemos el hecho de tener un marido enfermo de cáncer y el resultado es una mujer que siempre tiene que atender las necesidades de otra persona, no las propias. Quiero que mis hijos sepan lo generosa que es al cuidarnos a todos.

A últimas fechas he decidido conversar con personas que han perdido a sus padres a temprana edad. Quiero saber qué fue lo que les ayudó durante los tiempos difíciles y cuáles han sido los recuerdos que han resultado más significativos para ellos.

Esas personas me han dicho que han encontrado consuelo en saber cuánto los amaron sus padres. Mientras más sabían, más podrían sentir todavía ese amor.

También querían encontrar razones para sentirse orgullosas; querían creer que sus padres eran personas increíbles. Algunas de ellas buscaron detalles específicos de los logros alcanzados por sus padres. Otras eligieron construir mitos. Pero todas tienen la necesidad imperante de saber qué hizo especiales a sus padres.

Estas personas me dijeron algo más. Puesto que cuentan con muy pocos recuerdos propios de sus padres, les tranquiliza saber que sus padres murieron con grandiosos recuerdos de ellos.

Con ese fin, quiero que mis hijos sepan que mis recuerdos de ellos llenan mi mente.

Comencemos con Dylan. Admiro lo amoroso y empático que es. Si otro niño se lastima, Dylan le ofrece un juguete o una cobija.

Otro detalle que he observado en Dylan es que es analítico, como su padre. Ya se ha percatado de que las preguntas son más importantes que las respuestas. Muchos niños preguntan sin descanso: "¿Por qué? ¿Por qué? ¿Por qué?". Una regla en nuestra casa es que no se deben hacer preguntas de una sola palabra. Dylan ya asimiló esa idea, y su cualidad inquisitiva va más allá de sus pocos años. Recuerdo que sus maestros de preescolar reflexionaban acerca de él y se decían: "Quiero ver en qué tipo de adulto se convertirá este niño".

Dylan también es el rey de la curiosidad. En donde quiera que se encuentre, siempre busca algo más y piensa: "¡Hey, hay algo allí! Vayamos a verlo o a tocarlo o a llevárnoslo". Si hay una cerca blanca de estacas picudas en los alrededores, algunos chicos tomarán una vara y la pasarán por las estacas para escuchar el sonido que produce. Dylan hará algo mejor: utilizará la vara para hacer palanca con alguna de las estacas sueltas y luego utilizará la estaca para producir un sonido mejor, porque es más gruesa.

Por su parte, Logan lo convierte todo en una aventura. Cuando nació, quedó atorado en el canal de nacimiento. Se necesitaron dos médicos para jalarlo con fórceps y traerlo al mundo. Recuerdo que uno de los médicos, con el pie apoyado en la camilla, jalaba con todas sus fuerzas. En un momento dado, el galeno miró en mi dirección y me dijo:

—Tengo cadenas y una grúa allá atrás por si esto no funciona.

Fue un momento difícil para Logan. Dado el largo rato que estuvo atrapado en el canal de nacimiento, sus brazos no se movían justo después de nacer. Estábamos preocupados, pero no durante mucho tiempo. Una vez que comenzó a moverse, nunca ha dejado de hacerlo en realidad. Él es una bola fenomenal de energía positiva orientada por completo al sentido gregario y a la actividad física. Cuando sonríe, lo hace con toda la cara; él es el máximo Tigger. También es un pequeño que siempre está dispuesto a cualquier cosa y se hace amigo de todo el mundo. Sólo tiene tres años de edad, pero mi predicción es que se convertirá en el director social de su fraternidad en la universidad.

Mientras tanto, Chloe es toda una niña. Digo lo anterior con cierto temor porque, hasta el momento en que ella llegó, yo no tenía idea de lo que eso significaba. Ya habíamos programado que naciera vía cesárea, pero Jai rompió aguas y, poco después de que llegamos al hospital, Chloe se deslizó hacia afuera. (Ésa es mi descripción. ¡Jai dirá que "se deslizó" es una frase que sólo podría ocurrírsele a un hombre!) De cualquier manera, para mí, cargar a Chloe por primera vez y mirar su diminuta cara de niña, bueno, fue uno de los momentos más intensos y espirituales de mi vida. Hubo esa conexión que yo sentí y que fue distinta de la que sentí con los varones. Ahora soy un orgulloso miembro del club de los padres atados al dedo de mi hija.

Me encanta contemplar a Chloe. A diferencia de Dylan y Logan, quienes son tan adeptos a las audacias físicas, Chloe es cuidadosa e incluso un tanto refinada. Tenemos una puerta de seguridad en la parte superior de las escaleras, pero ella en realidad no la necesita porque enfoca todos sus esfuerzos en no lastimarse. Después de acostumbrarnos a dos chicos que bajan cualquier escalera a saltos sin miedo alguno, ésta es una nueva experiencia para Jai y para mí.

Amo a mis tres hijos de manera total y diferente. Y quiero que sepan que los amaré durante toda su vida. Lo haré.

Sin embargo, dado el poco tiempo que me resta, he tenido que pensar la manera de reforzar mis lazos con ellos, de manera que elaboro listas separadas de mis recuerdos con cada uno de mis hijos. Grabo videos para que ellos puedan verme hablar acerca de lo que han significado para mí. Les escribo cartas. De igual manera, considero que el video de mi última lección, y también este libro, son piezas de mi persona que puedo dejarles. Incluso tengo una charola grande de plástico llena de correspondencia que he recibido durante las semanas posteriores a la lección. Algún día, los niños querrán echar un vistazo a esa charola y mi esperanza es que les complazca descubrir que, tanto para los amigos como para los extraños, la lección fue significativa.

Gracias a que he hablado tanto sobre el poder de los sueños infantiles, algunas personas me han preguntado a últimas fechas acerca de los sueños que tengo para mis hijos.

Tengo una respuesta directa para esa pregunta.

Puede ser complicado el hecho de que un padre tenga sueños específicos para sus hijos. Como profesor, he visto a muchos chicos en el último grado del bachillerato que eligen carreras profesionales que no son adecuadas para ellos. Sus padres los subieron a un tren y, con frecuencia, de acuerdo con los llantos que presencié durante mis horas de oficina, el resultado es un descarrilamiento.

Desde mi punto de vista, el trabajo de un padre es motivar a sus hijos para que desarrollen un placer por la vida y una urgencia por perseguir sus sueños propios. Lo mejor que podemos hacer es ayudarles a desarrollar un equipo personal de herramientas para emprender dicha tarea.

Por todo lo anterior, mis sueños para mis hijos son los siguientes: Quiero que encuentren su propio camino hacia la satisfacción y, dado que yo no estaré aquí, quiero dejar claro esto: Hijos, no quiero que piensen en lo que yo quería que ustedes se convirtieran. Quiero que se conviertan en lo que *ustedes* quieran convertirse.

Después de ver a tantos alumnos pasar por mis salones de clases, he descubierto que muchos padres no se dan cuenta del poder de sus palabras. Si consideramos la edad y el sentido de sí mismo de un hijo, cualquier comentario no apropiado de mamá o papá puede sentirse como un golpe con la pala de una excavadora. Ni siquiera estoy seguro de si debí hacer ese comentario acerca de que Logan se convierta en el director social de una fraternidad. No quiero que él piense en la universidad que yo esperaba que formara parte de una fraternidad o que sea un líder en ella ni nada por el estilo. Su vida será su vida. Sólo me gustaría motivar a mis hijos a encontrar su camino con entusiasmo y pasión. Y quiero que sientan como si yo estuviera allí con ellos sin importar el sendero que elijan.

60

Jai y yo

Como sabe cualquier familia que se enfrenta al cáncer, con frecuencia los cuidadores son sometidos a una presión extrema. Los pacientes suelen concentrarse en sí mismos y son objeto de la adulación y la simpatía ajenas. Los cuidadores cargan la parte más pesada y cuentan con muy poco tiempo para vivir su pérdida y su pena.

Mi esposa, Jai, es una cuidadora de un canceroso con mucho más en su plato: tres hijos pequeños. De manera que, mientras me preparaba para impartir mi última lección, tomé una decisión: si esa charla iba a ser mi momento, quería encontrar la manera de demostrarles a todos cuánto la amo y la aprecio.

Sucedió de la siguiente manera: casi al final de la lección, mientras revisaba las lecciones que he aprendido en la vida, mencioné la vital importancia de enfocarnos en otras personas y no sólo en nosotros mismos. Con la mirada dirigida hacia uno de los lados ocultos del escenario, pregunté:

—¿Tenemos allá un ejemplo concreto de cómo enfocarnos en otra persona? ¿Podemos traerlo al escenario?

En vista de que el día anterior había sido el cumpleaños de Jai, hice los arreglos necesarios para contar con un gran pastel, con una sola vela, sobre una mesa con ruedas que esperaba en uno de los costados del escenario. Mientras la amiga de Jai, Cleah Schlueter, traía la mesa rodante con el pastel, expliqué a la audiencia que yo no le había ofrecido a Jai una celebración apropiada de cumpleaños y que pensaba que sería agradable lograr que 400 personas cantaran para ella. La gente aplaudió la idea y comenzó a cantar.

"Feliz cumpleaños a ti, feliz cumpleaños a ti..."

Cuando me di cuenta de que algunos de los presentes no sabían su nombre, pronto dije:

—Su nombre es Jai...

"Feliz cumpleaños, querida Jai..."

Fue maravilloso. Incluso cantó la gente que no pudo entrar a la sala de conferencias y que ocupaba una sala adyacente para mirar mi charla en una pantalla.

Mientras todos cantábamos, por fin pude permitirme mirar a Jai. Estaba sentada en su asiento de primera fila y se secaba las lágrimas con esa sonrisa de sorpresa en su rostro. Se veía tan adorable, tímida y hermosa, complacida y aturdida...

Existen muchos temas sobre los cuales hemos discutido Jai y yo con la intención de llegar a un acuerdo acerca de lo que será su vida cuando yo haya partido. "Afortunada" es una palabra extraña para describir mi situación, pero una parte de mí se siente afortunada por no haber sido atropellado por el proverbial autobús. El cáncer me ha proporcionado el tiempo necesario para mantener estas conversaciones fundamentales con Jai que no hubieran sido posibles si mi destino hubiera sido un ataque al corazón o un accidente automovilístico.

¿Sobre qué hablamos?

Para empezar, ambos intentamos recordar uno de los mejores consejos para cuidadores que ambos hemos recibido de las azafatas durante un vuelo: "Primero colóquese la mascarilla de oxígeno antes de asistir a otras personas". Jai es tan generosa que con frecuencia se olvida de atender sus propias necesidades. Cuando sufrimos una dificultad física o emocional no podemos ayudar a los demás, incluso menos a los niños pequeños.

No hay nada de debilidad o egoísmo en tomar algunas fracciones de tu día para estar a solas y recargar tus baterías. En mi experiencia como padre, he descubierto que es difícil recargar baterías en presencia de niños pequeños. Jai sabe que tendrá que darse permiso para convertirse en su propia prioridad.

También le he recordado que cometerá errores y que es importante que lo acepte. Si yo pudiera vivir, cometeríamos juntos esos errores. Las equivocaciones son parte del proceso de la paternidad y ella no debe atribuirlos al hecho de que criará sola a nuestros hijos.

Algunos padres solos caen en la trampa de intentar compensar la pérdida dándole a los niños cosas materiales. Jai sabe que ninguna posesión material puede compensar la falta de un padre y, de hecho, puede resultar contraproducente al establecer los valores del niño.

Es posible que Jai, como muchos padres, encuentre que los años más desafiantes con los que se enfrentará sean cuando nuestros hijos se conviertan en adolescentes. Después de estar rodeado por adolescentes durante toda mi vida, me gusta pensar que me sentiría en mi elemento como padre de chicos de esa edad. Sería severo, pero comprendería su mentalidad. Por lo anterior, lamento mucho el hecho de que no estaré con Jai para ayudarle cuando llegue el momento.

No obstante, la buena noticia es que otras personas, familiares y amigos, también querrán cooperar y Jai piensa permitírselos. Todos los niños necesitan un ejército de personas en su vida que

los amen; lo anterior es cierto en especial para aquellos pequeños que pierden a un padre. Pienso en mis propios padres. Ellos
sabían que no podían ser las únicas influencias cruciales en mi
vida. Es por ello que mi padre me inscribió en el equipo de futbol
con Jim Graham. Jai estará en la búsqueda de algunos entrenadores Graham para nuestros hijos.

Por lo que se refiere a la pregunta obvia, bueno, aquí está mi
respuesta:

Más que todo, quiero que Jai sea feliz en los años venideros
de manera que, si encuentra la felicidad en un nuevo matrimonio,
será grandioso. Si encuentra la felicidad sin volver a casarse, también será grandioso.

Jai y yo trabajamos muy duro por nuestro matrimonio. Hemos
mejorado mucho nuestras habilidades de comunicación, en ser
sensibles a las necesidades y fortalezas del otro, y en encontrar
más cosas para amar entre nosotros. Por tanto, nos entristece que
no podamos experimentar esa riqueza en nuestra relación durante los siguientes treinta o cuarenta años. No podremos amortizar
los grandes esfuerzos que hemos realizado hasta el momento. Sin
embargo, no cambiaríamos nuestros ocho años de matrimonio
por nada en el mundo.

Sé que, hasta el momento, me he enfrentado a mi diagnóstico
bastante bien. Jai también lo ha hecho. Como ella dice: "Nadie
tiene que llorar por mí". Y lo dice en serio. Pero también queremos ser honestos. A pesar de que la asesoría externa nos ha ayudado en gran medida, hemos vivido algunos momentos difíciles.
Hemos llorado juntos en nuestra cama, nos hemos dormido y
nos hemos despertado para llorar un poco más. Hemos superado
esos momentos al concentrarnos en las tareas que tenemos a la
mano. No podemos rompernos en pedazos. Tenemos que dor-

mir un poco porque uno de nosotros tiene que despertarse por la mañana para preparar el desayuno a los niños. Quiero hacer constar que esa persona casi siempre es Jai.

Hace poco celebré mi cumpleaños número 47, y Jai tuvo que luchar con la pregunta: "¿Qué puedes regalarle al hombre que amas en su último cumpleaños?". Optó por un reloj y una pantalla gigante de televisión. A pesar de que no soy muy aficionado a la televisión porque considero que es el más grande desperdiciador de tiempo de la humanidad, el regalo fue apropiado por completo porque, al final, pasaré mucho tiempo en cama. La televisión se convertirá en uno de mis últimos vínculos con el mundo exterior.

Hay días en los cuales Jai me dice algunas cosas y es muy poco lo que yo puedo responderle. Me ha dicho:

—No puedo imaginar que me giraré en la cama y tú no estarás allí; no puedo imaginar que me llevo a los niños de vacaciones y que tú no estarás con nosotros; Randy, tú siempre eres quien hace los planes. ¿Quién hará los planes?

Eso no me preocupa. Jai hará los planes a la perfección.

*   *   *

En verdad no tenía idea de lo que diría o haría una vez que la audiencia cantara "Feliz cumpleaños" para Jai, pero, como la animé a subirse al escenario y ella se aproximó a mí, un impulso natural se apoderó de mi voluntad. Supongo que de la de ella también. Nos abrazamos y nos besamos, primero en los labios, y después besé su mejilla. Los aplausos de la multitud continuaron y nosotros los escuchamos, pero fue como si nos encontráramos a varios kilómetros de distancia.

Mientras nos abrazábamos, Jai murmuró algo en mi oído.

"Por favor, no te mueras."

Tal vez esto suene como un diálogo de Hollywood, pero eso fue lo que ella dijo. Yo sólo la estreché entre mis brazos con más fuerza.

61

Los sueños llegarán a ti

Durante varios días me había preocupado no ser capaz de llegar hasta las frases finales de mi lección sin ahogarme, de manera que preparé un plan de contingencia: coloqué las últimas frases de la plática en cuatro láminas. Si, en un momento dado, sobre el escenario, no podía conseguir decir las frases, mi plan era presentar las láminas en silencio y al final sólo decir: "Muchas gracias por venir el día de hoy".

Ya había estado sobre el escenario cerca de una hora y, dadas las reacciones secundarias de la quimioterapia, el largo rato de pie y las emociones que se hicieron presentes, en verdad me sentía exhausto.

Al mismo tiempo, me sentía en paz y satisfecho. Mi vida había descrito un círculo completo. Primero había hecho una lista de mis sueños infantiles de cuando tenía ocho años de edad. Ahora, 38 años después, esa misma lista me había ayudado a decir lo que necesitaba decir y me condujo hasta el final.

Muchos pacientes de cáncer dicen que la enfermedad les ha proporcionado un nuevo y profundo aprecio por la vida. Algunos incluso dicen que están agradecidos con su padecimiento. Yo no siento dicha gratitud por mi cáncer, aunque sí agradezco el hecho de haber recibido la noticia de mi muerte por anticipado. Además de permitirme preparar a mi familia para el futuro, esa noticia me dio la oportunidad de regresar a la Universidad Carnegie Mellon y dictar mi última lección. En esencia, me permitió "abandonar el campo de juego con mis propias fuerzas".

Mi lista de sueños infantiles aún es útil para muchos propósitos. Sin ella, quién sabe si yo hubiera sido capaz de agradecer a toda la gente que lo merece. Por último, esa pequeña lista me ha permitido decir adiós a las personas que significan tanto para mí.

Una cosa más: como soy un tipo de alta tecnología, nunca pude comprender a plenitud a los artistas y actores que he conocido y a quienes he enseñado a lo largo de los años. Ellos algunas veces me hablaron de las cosas de mi interior que "necesitaban salir". Yo pensaba que esa idea sonaba un tanto autoindulgente. Debí ser más empático. Mi hora sobre el escenario me había enseñado algo (¡al menos aún conservaba la capacidad de aprender!): sí había cosas dentro de mí que necesitaban salir con desesperación. Yo no dicté la lección sólo porque lo quisiera. Dicté la lección porque tenía que hacerlo.

También supe por qué las frases de cierre fueron tan emotivas para mí. Fue porque el final de la charla tenía que ser una destilación de cómo me sentía respecto del final de mi vida.

A medida que me aproximaba al cierre, me tomé unos minutos para revisar algunos de los puntos clave de la lección y entonces ofrecí un resumen, pero con un giro; un final sorpresa, si quieres verlo así.

—Así que la lección de hoy se refirió al logro de los sueños infantiles —dije—, pero, ¿ya descubrieron la finta?

Hice una pausa. La sala de conferencias estaba en silencio.

—No sólo se refiere a cómo alcanzar sus sueños. Se refiere a cómo guiar su vida. Si guían su vida por el camino correcto, el karma se ocupará de sí mismo. Los sueños llegarán a ustedes.

Mostré la siguiente lámina y una pregunta llenó por completo la gran pantalla: "¿Descubrieron la segunda finta?".

Después les dije:

—La lección no fue sólo para las personas presentes en este salón. Fue para mis hijos.

Desplegué entonces la última lámina: era una fotografía mía de pie al lado de nuestros columpios, con un sonriente Logan cargado en mi brazo derecho y la dulce Chloe en mi brazo izquierdo. Dylan aparece sentado sobre mis hombros, muy feliz.